Politique fiscale et égalité femmes-hommes

UN BILAN DES APPROCHES NATIONALES

O))OCDE

DES POLITIQUES MEILLEURES
POUR UNE VIE MEILLEURE

Les données statistiques concernant Israël sont fournies par et sous la responsabilité des autorités israéliennes compétentes. L'utilisation de ces données par l'OCDE est sans préjudice du statut des hauteurs du Golan, de Jérusalem-Est et des colonies de peuplement israéliennes en Cisjordanie aux termes du droit international.

Merci de citer cet ouvrage comme suit :
OCDE (2022), *Politique fiscale et égalité femmes-hommes : Un bilan des approches nationales*, Éditions OCDE, Paris, https://doi.org/10.1787/c2ca4314-fr.

ISBN 978-92-64-85327-0 (imprimé)
ISBN 978-92-64-57500-4 (pdf)

Avant-propos

Ce rapport offre un aperçu de la façon dont les pays prennent en compte l'égalité femmes-hommes dans leurs systèmes fiscaux, en se concentrant sur la manière dont elle est intégrée dans le processus de conception de la politique fiscale, ainsi que sur les principales sources de biais implicites et explicites, et les données disponibles aux fins d'analyse. Le rapport envisage également les priorités et les pistes de travail pour l'avenir afin de s'assurer que la politique et les systèmes fiscaux contribuent plus largement aux objectifs gouvernementaux d'égalité femmes-hommes.

Le rapport a été préparé dans le cadre des efforts de l'OCDE pour prendre en compte l'égalité femmes-hommes et pour être présenté aux ministres des Finances et gouverneurs de banque centrale du G20 lors de leur réunion en février 2022. Le rapport se fonde principalement sur les réponses des pays à un questionnaire diffusé en juillet 2021 par l'OCDE à tous les membres du Cadre inclusif du G20/OCDE sur l'érosion de la base d'imposition et le transfert de bénéfices. Des réponses ont été reçues de 43 pays du G20, de l'OCDE et au-delà.

Le rapport contient trois sections en plus d'un résumé et de l'introduction : le chapitre 2 offre une vue d'ensemble des principaux concepts des problématiques femmes-hommes dans le système fiscal, le chapitre 3 explore les approches des pays en matière de politique fiscale et d'égalité femmes-hommes, et le chapitre 4 fournit des conclusions et des implications pour les décideurs politiques.

Ce rapport a été produit par la Division de politiques fiscales et des statistiques du Centre de politique et d'administration fiscales de l'OCDE. Il a été coordonné par Michelle Harding et Julien Jarrige et rédigé conjointement par Zipporah Gakuu, Michelle Harding, Julien Jarrige et Eugénie Ribault. Les auteurs tiennent à remercier les délégués du Groupe de travail n° 2 sur l'Analyse des politiques et les statistiques fiscales pour leur contribution. Les auteurs tiennent également à remercier David Bradbury et Grace Perez-Navarro pour leurs conseils. Les auteurs sont également reconnaissants envers Willem Adema, Malo Ceillier, Erwan Cherfaoui, Karena Garnier, Hazel Healy, Natalie Lagorce, Ibtissem Maouene, Michael Sharratt, Joseph Stead et Carrie Tyler pour leurs commentaires et leur assistance pratique.

Table des matières

GRAPHIQUES

TABLEAUX

Résumé

La promotion de l'égalité femmes-hommes, telle qu'énoncée dans la Déclaration universelle des droits de l'homme et dans les Objectifs de développement durable, constitue un objectif en matière de droits humains pour de nombreux États, et notamment les pays du G20 et de l'OCDE.

L'amélioration de la parité ne répond pas seulement à un impératif d'équité, mais peut également être source de dividendes économiques importants. Déterminants pour la croissance économique, les efforts engagés en faveur d'économies plus inclusives, auxquelles participent pleinement les femmes, seront, dans le contexte de la pandémie de COVID-19, essentiels pour garantir une reprise solide au bénéfice de tous. Les études montrent qu'une meilleure égalité entre les sexes, conjuguée à une diminution de la discrimination entre les femmes et les hommes, peut avoir des retombées économiques non négligeables, en augmentant le stock de capital humain, en renforçant la compétitivité des marchés du travail et des produits et en améliorant la productivité.

La politique fiscale peut concourir à l'égalité femmes-hommes et aux efforts mis en œuvre par les pouvoirs publics pour réduire les inégalités. Un corpus croissant d'études révèle que même en l'absence de biais sexistes manifestes, il existe dans les systèmes fiscaux d'autres biais implicites, liés aux retombées sur ces systèmes des différences concernant la nature et le niveau des revenus perçus par les hommes et par les femmes, des décisions de consommation, de la répartition du patrimoine et de la richesse, et de l'impact des attentes sociales, qui ne sont pas les mêmes selon que le contribuable est un homme ou une femme.

Dans ce contexte, les pouvoirs peuvent agir pour améliorer l'égalité femmes-hommes en matière fiscale, en supprimant les biais explicites et en repensant les paramètres de leur système fiscal qui génèrent actuellement des biais implicites, et en réfléchissant aux moyens de concevoir et d'appliquer une politique fiscale qui favorise l'égalité entre les femmes et les hommes.

Une analyse inédite en son genre

Le rapport *Politique fiscale et égalité femmes-hommes : Un bilan des approches nationales* **est la première étude de portée internationale à analyser la manière dont les pays abordent les problématiques femmes-hommes dans la politique fiscale.** Il évalue notamment les biais explicites et implicites, les réformes des politiques fiscales engagées pour améliorer l'égalité entre les femmes et les hommes, ainsi que les processus d'élaboration des politiques et les priorités de l'action publique. Couvrant 43 pays du G20, de l'OCDE et au-delà[1], ce rapport a été préparé dans le cadre des efforts déployés par l'OCDE pour prendre en compte les questions d'égalité femmes-hommes et fut présenté aux ministres des Finances et gouverneurs de banque centrale du G20 en février 2022.

Ce rapport de portée internationale analyse divers aspects de la conception et de la mise en œuvre de la politique fiscale dans différents pays. Il étudie la mesure dans laquelle les pays prennent en compte l'égalité femmes-hommes dans l'élaboration de la politique fiscale et l'administration de l'impôt, examine de quelle manière ils combattent les biais explicites et implicites dans leurs systèmes fiscaux, et explore la disponibilité et l'utilisation des données ventilées par sexe. Il analyse également comment et dans quelle mesure, selon les pays, la dimension femmes-hommes devrait être prise en compte dans les processus d'élaboration des politiques fiscales (notamment dans le cadre de la « budgétisation sexospécifique »). Il dresse également le bilan des incidences de la pandémie de COVID-19 sur l'égalité entre les sexes au sein du système fiscal et souligne les modalités de prise en compte, par les pays, des problématiques femmes-hommes dans leurs réponses fiscales à cette crise.

Principales conclusions et priorités nationales

Le rapport fait apparaître que l'égalité femmes-hommes est un important facteur pris en compte par la plupart des pays dans l'élaboration de la politique fiscale, environ la moitié d'entre eux ayant déjà mis en œuvre des réformes fiscales spécifiques visant à améliorer l'égalité entre les sexes.

Bien que peu de pays aient relevé des exemples de biais explicites dans leur système fiscal, plus de la moitié d'entre eux ont indiqué que l'existence de biais implicites était possible. À l'instar des biais explicites, ces biais implicites peuvent creuser ou réduire les inégalités femmes-hommes déjà présentes dans la société, et les exemples cités par les pays laissent penser que les pouvoirs publics doivent apporter une réponse plus nuancée aux biais sexistes dans le domaine de la fiscalité.

La plupart des pays ont accès à des données ventilées par sexe à des fins d'analyse des politiques, mais l'accès à ces données concerne essentiellement les écarts de revenus entre les femmes et les hommes et leur participation au marché du travail. Il est moins fréquent de disposer de données détaillées sur la consommation et la répartition du patrimoine et de la richesse, et plusieurs pays considèrent qu'il s'agit là de données manquantes essentielles.

Enfin, les pays voient dans certains aspects de la fiscalité du travail la priorité essentielle des travaux futurs en vue d'améliorer l'égalité femmes-hommes dans le système fiscal. Les domaines d'action identifiés sont notamment l'impact des crédits d'impôt et des déductions fiscales sur l'égalité femmes-hommes, l'imposition des seconds apporteurs de revenu, la relation entre progressivité du système fiscal et égalité femmes-hommes et l'impact des cotisations de sécurité sociale. Un deuxième axe de travail prioritaire consiste à identifier la logique qui sous-tend la politique et à définir un cadre d'évaluation permettant de prendre en compte les biais explicites afin de résorber les inégalités femmes-hommes. Enfin, l'examen des biais sexistes dans l'imposition des revenus du capital et des plus-values, notamment en matière d'impôts sur le patrimoine et sur les successions, constitue une autre priorité commune.

Axes de travaux futurs

Les implications sont nombreuses pour les pouvoirs publics. Il serait utile que les pays, afin de mieux gérer les retombées des biais implicites dans leurs systèmes fiscaux, fournissent davantage d'orientations sur la manière de prendre en compte la question de l'égalité femmes-hommes dans la conception de la politique fiscale et l'administration de l'impôt. Il est également important d'évaluer la prise en considération de l'impact des modifications de la structure fiscale au fil du temps. Le rapport souligne en outre la nécessité d'améliorer la collecte de données ventilées par sexe sur la fiscalité en général, et sur les caractéristiques des hommes et des femmes en termes de consommation, de patrimoine et de détention de capital en particulier, afin de permettre une analyse plus fine de l'incidence de la fiscalité sur ces questions.

À l'avenir, l'analyse des implications de la politique fiscale sur l'égalité femmes-hommes pourrait s'appuyer sur les conclusions de ce rapport, notamment en explorant plus avant les priorités définies par les pays, en vue d'approfondir l'analyse et de déterminer les meilleures pratiques. Les travaux pourraient être centrés sur l'identification des principes et meilleures pratiques à suivre pour améliorer l'égalité femmes-hommes dans les systèmes fiscaux, et viser notamment à déterminer dans quelle mesure et jusqu'à quel point le système fiscal, évalué à l'aune d'autres outils de politique publique, peut être utilisé pour réduire les biais. Les travaux ultérieurs pourraient également porter sur les retombées considérables de la fiscalité du travail sur l'inégalité entre les sexes, en mettant tout particulièrement l'accent sur la suppression des contre-incitations qui dissuadent les femmes de travailler, surtout à temps plein.

Note

[1] Afrique du Sud, Allemagne, Arabie saoudite, Argentine, Australie, Autriche, Belgique, Brésil, Canada, Costa Rica, Croatie, Espagne, Estonie, États-Unis, Finlande, France, Grèce, Hongrie, Indonésie, Irlande, Islande, Israël, Italie, Kenya, Lettonie, Luxembourg, Mexique, Monténégro, Nouvelle-Zélande, Norvège, Pays-Bas, Pérou, Portugal, République slovaque, Roumanie, Royaume-Uni, Saint-Marin, Slovénie, Suède, Suisse, Tunisie, Ukraine et Uruguay.

1 Aperçu et contexte

Pour de nombreux pays et organisations internationales, promouvoir l'égalité femmes-hommes, réduire les discriminations fondées sur le sexe et encourager la participation économique des femmes constituent des objectifs majeurs en matière de droits de l'homme, comme en témoignent les Objectifs de développement durable[1] et la Déclaration universelle des droits de l'homme des Nations Unies, le Traité sur l'Union européenne (TUE)[2] ou encore les engagements des dirigeants des pays du G20 en faveur de l'égalité entre les femmes et les hommes et l'autonomisation des femmes, qui ont été réaffirmés lors du sommet de novembre 2021 (Sommet de Rome du G20, 2021[1]). La mise en place d'initiatives mondiales telles que la création de l'entité ONU Femmes[3] et du groupe Women G20[4] reflète également la nécessité de discussions et de projets ciblant l'amélioration de l'égalité femmes-hommes dans divers domaines de politique publique. La promotion de l'égalité des sexes dans la société est également une priorité pour l'OCDE, qui l'a inscrite à son programme de travail. En octobre 2021, la Réunion du Conseil au niveau des ministres, qui rassemble des ministres des pays Membres et Partenaires de l'OCDE, a exhorté les responsables de l'action publique à analyser plus avant la façon dont les politiques publiques pouvaient appuyer la parité, y compris pour que l'OCDE puisse « se faire le héraut des bonnes pratiques en matière d'intégration de la problématique des genres dans ses travaux, notamment à travers la collecte et l'analyse de données désagrégées. » (OCDE, 2021[2]).

Au-delà des engagements internationaux et des droits de l'homme, favoriser des économies plus inclusives auxquelles les femmes participent pleinement a également son importance pour la croissance économique. Une analyse menée par l'OCDE (OCDE, 2016[3]) a révélé que les discriminations fondées sur le sexe et les inégalités entre hommes et femmes affectaient le niveau de revenu des pays, et en particulier de ceux en développement. L'OCDE a estimé que ces discriminations, avec la baisse de productivité multifactorielle et du niveau d'instruction et de participation des femmes au monde du travail qui en découle, pourraient être la cause de pertes de revenus pouvant aller jusqu'à 12 000 milliards USD, soit 16 % du PIB mondial en 2016. Au vu de ce contexte, l'amélioration de l'égalité entre les hommes et les femmes et la réduction des discriminations sexistes pourraient avoir des retombées économiques substantielles.

Alors que la crise du COVID-19 a aggravé les inégalités entre les sexes (comme l'ont notamment démontré des travaux des Nations Unies (Secrétaire général des Nations Unies, 2020[4]) et du Parlement européen (Parlement européen, 2021[5]) ainsi que, en matière fiscale, une étude menée récemment par des universitaires danois et suédois (Lind and Gunnarsson, 2021[6])), il est primordial de développer l'analyse et les réponses en matière d'action publique pour que, au-delà du seul objectif d'égalité des sexes, les femmes puissent participer pleinement à la reprise économique et sociale.

L'égalité des sexes est une composante à part entière de la conception de politiques fiscales soutenant la croissance inclusive. Les mesures prises dans ce domaine peuvent avoir une incidence notable sur la participation des hommes et des femmes à l'économie, par exemple en les encourageant à participer au marché du travail ou, au contraire, en les en dissuadant, ou en influant sur l'entrepreneuriat et les décisions d'investissement. La politique fiscale a également des répercussions importantes sur le bien-être des citoyens et donc sur la situation respective des hommes et des femmes en raison de son impact sur le revenu disponible, la consommation et la richesse et, partant, sur le bien-être des hommes comme des femmes.

À la lumière de ce qui précède, le présent rapport dresse un état des lieux des priorités et des pratiques des pays en matière de fiscalité et d'égalité femmes-hommes en s'intéressant à la façon dont ils prennent en considération les biais explicites et implicites, à la mesure dans laquelle ils tiennent compte des conséquences des politiques fiscales et de la budgétisation sur la parité, à l'intégration des problématiques femmes-hommes dans l'administration de l'impôt et la discipline fiscale, et à l'existence ainsi qu'à l'utilisation de données ventilées par sexe. Ce rapport élaboré à partir d'une étude à laquelle ont participé 43 pays[5] offre une vue d'ensemble des principaux concepts de politique fiscale liés à l'égalité des sexes (chapitre 2) ainsi qu'une analyse des informations et des constatations tirées des contributions des pays, avant de présenter des éléments de réflexion à l'intention des responsables de l'action publique (chapitre 3). Le chapitre 4 offre une conclusion et aborde les enseignements que l'on peut tirer des réponses à l'enquête.

Références

Lind, Y. and Å. Gunnarsson (2021), *Gender Equality, Taxation, and the COVID-19 Recovery: A Study of Sweden and Denmark*, https://papers.ssrn.com/abstract=3795117 (consulté le13 mai 2021). [6]

OCDE (2021), "Réunion du Conseil de l'OCDE au niveau des Ministres", https://www.oecd.org/fr/rcm/MCM-2021-Part-2-Final-Statement.FR.pdf (consulté le 25 octobre 2021). [2]

OCDE (2016), "Does gender discrimination in social institutions matter for long-term growth? Cross-country evidence", https://www.oecd-ilibrary.org/development/does-gender-discrimination-in-social-institutions-matter-for-long-term-growth_5jm2hz8dgls6-en;jsessionid=2WF6nQ_vUNbf_Zv50FybGqkU.ip-10-240-5-141 (consulté le 27 octobre 2021). [3]

Parlement européen (2021), *L'impact du Covid-19 sur les femmes*, https://www.europarl.europa.eu/news/fr/headlines/society/20210225STO98702/l-impact-du-covid-19-sur-les-femmes-infographie (consulté le 13 mai 2021). [5]

Secrétaire général des Nations Unies (2020), *Policy brief: The impact of COVID-19 on women*, https://www.unwomen.org/en/digital-library/publications/2020/04/policy-brief-the-impact-of-covid-19-on-women (consulté le 13 mai 2021). [4]

Sommet de Rome du G20 (2021), *Déclaration de Rome des chefs d'État et de Gouvernement du G20*, 2021, https://www.elysee.fr/emmanuel-macron/2021/11/01/declaration-de-rome-des-chefs-detat-et-de-gouvernement-du-g20 (consulté le 17 novembre 2021). [1]

Union européenne (n.d.), *Version consolidée du traité sur l'Union européenne*, https://eur-lex.europa.eu/legal-content/FR/TXT/PDF/?uri=CELEX:02016M/TXT-20200301&from=FR (consulté le 13 mai 2021). [8]

Notes

[1] L'égalité femmes-hommes fait l'objet de deux ODD : l'ODD n° 5 (« Parvenir à l'égalité des sexes et autonomiser toutes les femmes et les filles » à https://sdgs.un.org/goals/goal5), et l'ODD n° 10 (Réduire les inégalités dans les pays et d'un pays à l'autre à https://sdgs.un.org/goals/goal10).

[2] Intégrés aux principes fondateurs de l'Union européenne par le biais du TUE (articles 2 et 3 à https://eur-lex.europa.eu/legal-content/EN/TXT/PDF/?uri=CELEX:02016M/TXT-20200301&from=EN) et du Traité sur le fonctionnement de l'UE (articles 8 et 10 à https://eur-lex.europa.eu/legal-content/EN/TXT/PDF/?uri=CELEX:02016E/TXT-20200301&from=EN).

[3] https://beijing20.unwomen.org/en.

[4] https://w20italia.it/pages/topics/.

[5] Afrique du Sud, Allemagne, Arabie saoudite, Argentine, Australie, Autriche, Belgique, Brésil, Canada, Costa Rica, Croatie, Espagne, Estonie, États-Unis, Finlande, France, Grèce, Hongrie, Islande, Indonésie, Irlande, Israël, Italie, Kenya, Lettonie, Luxembourg, Mexique, Monténégro, Nouvelle-Zélande, Norvège, Pays-Bas, Pérou, Portugal, Roumanie, République slovaque, Royaume-Uni, Saint-Marin, Slovénie, Suède, Suisse, Tunisie, Ukraine et Uruguay.

2 Les problématiques femmes-hommes dans le système fiscal : principaux concepts

Dans la littérature, différentes méthodes sont utilisées pour analyser l'impact de la fiscalité sur la situation respective des hommes et des femmes. Parmi les plus courantes figure celle qui a été élaborée par (Stotsky, 1996[1]), qui distingue les systèmes fiscaux réservant un traitement différent aux hommes et aux femmes en se fondant explicitement sur le critère du sexe et ceux qui, sans avoir directement fait ce choix, produisent des conséquences différentes pour les hommes et les femmes en raison de disparités sociétales ou économiques entre eux. (Gunnarsson, Spangenberg and Schratzenstaller, 2017[2]) notent que cette distinction correspond peu ou prou à la notion juridique de discrimination directe et indirecte : « La discrimination directe (fondée sur le sexe) est généralement définie comme un traitement moins favorable basé sur une distinction explicite entre les sexes. La discrimination indirecte désigne des dispositions, des critères ou des pratiques neutres en apparence mais qui créent (ou sont susceptibles de créer) un désavantage particulier pour l'un des sexes en raison de différences socioéconomiques existantes ».

Les biais explicites, le plus souvent liés à l'impôt sur le revenu des personnes physiques (IRPP), résultent de dispositions fiscales qui sont juridiquement liées au sexe ; ce peut être une exemption, une déduction ou un traitement fiscal préférentiel qui sont réservés à l'un des époux, ou la responsabilité de remplir la déclaration de revenus, ainsi que le décrivait (Stotsky, 1996[1]).

À l'inverse, les biais implicites se produisent lorsque le système fiscal est manifestement neutre et n'opère pas de distinction explicite entre les hommes et les femmes. On parle alors de biais implicite lorsque, combiné à des différences dans les caractéristiques économiques sous-jacentes ou le comportement entre les hommes et les femmes, comme le niveau des revenus, la participation au marché du travail, la consommation, la propriété, l'entrepreneuriat, l'épargne, le civisme fiscal et la discipline fiscale, le système fiscal, bien que neutre, a pour effet de renforcer les biais sexistes. (Barnett and Grown, 2004[3]) répartissent les différences entre hommes et femmes dans l'activité économique en quatre grands groupes : i) les différences en matière d'emploi rémunéré, (ii) le travail non rémunéré des femmes dans l'économie du soin des proches, (iii) les différences dans les dépenses de consommation et (iv) les différences en matière de droits de la propriété et de détention d'actifs.

Les biais implicites peuvent concerner tout type d'impôt, y compris ceux qui grèvent le travail, la consommation, l'entreprise et le capital. Pour remédier à ces biais implicites, ou indirects, il convient de ne pas s'arrêter à la neutralité apparente de la législation fiscale et d'évaluer l'impact de cette législation à la lumière des différences socioéconomiques entre les hommes et les femmes (Gunnarsson, Spangenberg and Schratzenstaller, 2017[2]).

En pratique, la plupart des travaux d'analyse des biais implicites ont porté sur des aspects de l'IRPP. L'OCDE a également mené ses propres travaux dans ce domaine en s'appuyant notamment sur les modèles des *Impôts sur les salaires* (OCDE, 2021[4]) et les indicateurs prélèvements-prestations de l'Organisation (OCDE, 2021[5]), qui couvrent divers avantages dans le domaine des incitations au travail, en sus des mesures fiscales. (Thomas and O'Reilly, 2016[6]) et (OCDE, 2016[8])montrent la façon dont certains aspects des systèmes fiscaux tels qu'ils sont conçus dissuadent davantage les seconds apporteurs de revenu (souvent des femmes) que les principaux apporteurs ou les célibataires de rejoindre le marché du travail, ce qui soulève des préoccupations en matière d'égalité entre les sexes. Sur un plan plus général, l'OCDE a souligné l'importance de tenir compte de l'égalité des sexes lors de la conception des politiques fiscales et de la considérer comme « une partie intégrante d'une politique fiscale favorisant la croissance inclusive » (Brys et al., 2016[9]) (OCDE, 2017[10]).

La composition des différents types d'impôts frappant les revenus peut également avoir un impact sur l'égalité femmes-hommes, en particulier sur une base dynamique. En effet, les conséquences en matière d'égalité peuvent être différentes selon le type d'impôt et les incitations économiques offertes à certains contribuables plutôt qu'à d'autres. La progressivité de la structure fiscale globale peut réduire la charge fiscale pour les contribuables dont les revenus sont les plus faibles, et ainsi profiter aux femmes. Tandis que des faibles niveaux d'imposition du capital ou des revenus du capital, ou un niveau élevé des impôts sur la consommation, peuvent produire l'effet opposé. (Gunnarsson, Spangenberg and Schratzenstaller, 2017[2]) notent par exemple que les changements intervenus dans l'UE depuis 1995 ont probablement eu pour effet de reporter la charge fiscale sur les femmes en raison de certaines tendances à long terme comme la baisse de la progressivité de l'IRPP et des impôts sur la fortune, la baisse des taux des impôts sur les revenus du capital et sur les sociétés, l'augmentation de la charge fiscale pesant sur les revenus du travail, notamment pour les groupes à revenus faibles et intermédiaires, et le recours accru aux impôts sur la consommation dans la structure fiscale.

Certains aspects de l'administration de l'impôt et de la discipline fiscale peuvent également avoir des incidences différentes pour les hommes et pour les femmes. Les processus d'administration de l'impôt peuvent être plus ou moins accessibles pour l'un des deux sexes, dirigés vers l'un d'eux en particulier, ou davantage utilisés, en pratique, par un sexe que par l'autre. La façon de traiter des comportements comme le non-respect des règles fiscales, la fraude ou l'évasion fiscale peut produire des effets différents pour les femmes ou les hommes suivant les programmes ciblés, ou si l'approche adoptée diffère selon le sexe du contribuable. Par exemple, le fait de se concentrer sur la fraude aux prestations de garde d'enfant peut avoir un effet délétère sur la participation des femmes au marché du travail comparé à la lutte contre la fraude dans d'autres domaines, comme le constatait (Parlementaire Ondervragingscommissie Kinderopvangtoeslag, 2020[11]). Dans un certain nombre de pays, dont les économies en développement, le manque de formalisation peut induire des difficultés supplémentaires : les redevances d'utilisation et les taxes informelles, souvent utilisés pour financer des biens essentiels comme l'éducation, la santé et l'approvisionnement en eau, peuvent constituer une charge financière importante pour les ménages.

Références

Barnett, K. and C. Grown (2004), *Gender Impacts of Government Revenue Collection: The Case of Taxation*, https://gsdrc.org/document-library/gender-impacts-of-government-revenue-collection-the-case-of-taxation/ (consulté le 26 octobre 2021). [3]

Brys, B. et al. (2016), *Tax Design for Inclusive Economic Growth*, https://www.oecd-ilibrary.org/taxation/tax-design-for-inclusive-economic-growth_5jlv74ggk0g7-en (consulté le 13 mai 2021). [9]

Gunnarsson, Å., U. Spangenberg and M. Schratzenstaller (2017), *Gender equality and taxation in the European Union*, http://www.europarl.europa.eu/supporting-analyses (consulté le 13 mai 2021). [2]

OCDE (2021), *Les impôts sur les salaires 2021*, Éditions OCDE, Paris, https://doi.org/10.1787/24d05263-fr. [4]

OCDE (2021), *OECD tax-benefit data portal*, https://www.oecd.org/els/soc/benefits-and-wages/data/ (consulté le 6 janvier 2022). [5]

OCDE (2017), *A Fiscal Approach for Inclusive Growth in G7 Countries*, https://www.oecd.org/tax/tax-policy/a-fiscal-approach-for-inclusive-growth-in-g7-countries.htm (consulté le 13 mai 2021). [10]

OCDE (2016), *Les impôts sur les salaires 2016*, Éditions OCDE, Paris, https://doi.org/10.1787/tax_wages-2016-fr. [8]

Parlementaire Ondervragingscommissie Kinderopvangtoeslag (2020), *Ongekend Onrecht*, https://www.tweedekamer.nl/sites/default/files/atoms/files/20201217_eindverslag_parlementaire_ondervragingscommissie_kinderopvangtoeslag.pdf (consulté le 13 janvier 2022). [11]

Stotsky, J. (1996), *Gender Bias in Tax Systems*, https://papers.ssrn.com/abstract=882995 (consulté le 13 mai 2021). [1]

Thomas, A. and P. O'Reilly (2016), *The Impact of Tax and Benefit Systems on the Workforce Participation Incentives of Women*, Documents de travail de l'OCDE sur la fiscalité, https://www.oecd-ilibrary.org/taxation/the-impact-of-tax-and-benefit-systems-on-the-workforce-participation-incentives-of-women_d950acfc-en (consulté le 13 mai 2021). [6]

3 Les approches des pays en matière de politique fiscale et d'égalité femmes-hommes

Ce chapitre livre une vue d'ensemble des réponses fournies par les pays au « Questionnaire de l'OCDE sur l'état des lieux en matière de fiscalité et d'égalité femmes-hommes » de 2021, qui demandait aux pays de communiquer des informations sur leurs priorités en matière de politique fiscale et d'égalité des sexes, les biais implicites et explicites, les données disponibles pour analyser les politiques, la prise en compte des problématiques femmes-hommes dans le processus d'élaboration des politiques fiscales, l'administration de l'impôt et la discipline fiscale, et les priorités pour l'avenir.

3.1. Les priorités de la politique fiscale en matière d'égalité femmes-hommes et leurs liens avec les les Objectifs de développement durable (ODD)

L'égalité des sexes est une priorité mondiale et correspond au cinquième objectif de développement durable des Nations Unies (ODD n° 5), qui appelle les pays à parvenir à l'égalité des sexes. La politique fiscale offre un moyen de contribuer à cet objectif, la manière dont elle est conçue pouvant potentiellement promouvoir cette égalité. Les ODD appellent les pays à veiller à ce que l'action en faveur du développement et de la mobilisation des ressources intérieures, ce qui inclut les interventions publiques liées à la fiscalité, ne compromette pas l'obtention des résultats souhaités dans le domaine de l'égalité des sexes.

Ce chapitre apporte un éclairage sur la conception qu'ont les pays du rôle de la politique fiscale dans l'amélioration de l'égalité femmes-hommes et la mobilisation des ressources du pays.

3.1.1. La problématique femmes-hommes dans la conception des politiques fiscales

Pour les deux-tiers des pays qui ont répondu, la problématique femmes-hommes occupe une place au moins « plutôt importante » dans la conception des politiques fiscales. Trente-deux pays sur 43 (74 %) considèrent qu'elle y tient une place « importante » (*de « plutôt importante » à « très importante »*) (Graphique 3.1). En revanche, neuf pays jugent cette place peu ou pas importante.

Graphique 3.1. Dans votre pays, quelle place la problématique femmes-hommes occupe-t-elle dans la conception de la politique fiscale ?

Nombre de pays

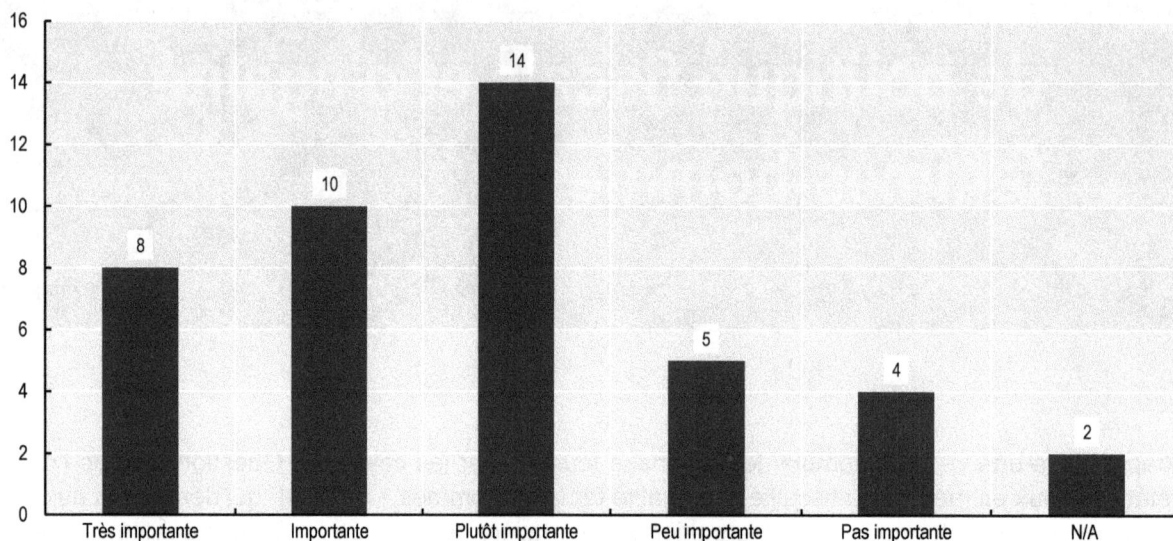

Source : Questionnaire de l'OCDE sur l'état des lieux en matière de fiscalité et d'égalité femmes-hommes 2021

StatLink https://stat.link/879ih1

Il a été demandé aux pays si la politique fiscale devait avoir pour objectif d'atteindre la neutralité entre les sexes, ou si elle devait aller plus loin que cette neutralité et envisager d'utiliser le système fiscal pour compenser les inégalités existantes entre les hommes et les femmes dans la société. Les trois-quarts des pays qui ont répondu (32 pays, soit 74 % des répondants) considèrent que le système fiscal devrait avoir la neutralité pour objectif. Pour plusieurs d'entre eux, il importe de chercher à améliorer l'égalité femmes-hommes dans la société en-dehors du système fiscal, par d'autres interventions des pouvoirs publics, par ex. en réduisant les inégalités de revenus ou en adoptant des dispositions sur les dépenses sociales (Afrique du Sud, Arabie saoudite, Estonie, Finlande, Indonésie, Nouvelle-Zélande et Uruguay). Tout en admettant que le système fiscal devrait être neutre, la France explique que certains choix de politique fiscale, notamment en ce qui concerne l'impôt sur le revenu des personnes physiques, pouvaient avoir un impact sur l'allocation des ressources entre les individus et donc réduire des distorsions existantes. Les États-Unis observent pour leur part que, dans la mesure où il peut dissuader les seconds apporteurs de revenus et les personnes assumant des responsabilités familiales de travailler, le système fiscal devrait viser à réduire ces distorsions.

Cinq pays (Argentine, Autriche, Belgique, Costa Rica et Kenya) estiment que le système fiscal devrait viser à atténuer ou compenser les biais existants. Pour l'Autriche et la Belgique, cet aspect entre dans des stratégies et des objectifs de politique publique plus larges visant à garantir que les différences de situation entre les femmes et les hommes soient prises en compte dans la conception des politiques. Quatre pays (Espagne, Islande, Portugal et Suisse) notent que le système fiscal pourrait, dans une certaine mesure, s'efforcer à la fois d'assurer la neutralité femmes-hommes et de réduire les biais. En Irlande, un Groupe consultatif d'experts sur la budgétisation et l'égalité ainsi qu'un Groupe de travail interdépartemental se penchent actuellement sur le sujet. L'Espagne estime pour sa part que les mesures fiscales devraient être neutres dans leur principe tout en cherchant à corriger les inégalités en cas de discrimination, en tenant compte des différences en ce qui concerne les opportunités et les conséquences économiques pour les hommes et les femmes.

Les pays devaient également indiquer si leur structure fiscale avait ou non un impact sur l'égalité entre les sexes. Vingt-trois d'entre eux (53 %) ont répondu que leur structure fiscale était neutre[1]. L'Allemagne et l'Italie considèrent que le principal impact de leur système fiscal sur la situation respective des hommes et des femmes résulte de la conception des impôts plutôt que de la structure fiscale. En Irlande, une Commission sur la fiscalité et le bien-être social étudie l'impact de la structure fiscale sous divers angles, dont celui de l'égalité femmes-hommes. Enfin, la Finlande, la Norvège et le Portugal relèvent que leur système fiscal est neutre mais que ses interactions avec différentes données sociales peuvent affecter cette neutralité. En particulier :

- En Finlande, plusieurs types d'impôts peuvent avoir des effets différenciés qui sont principalement dus à des facteurs sous-jacents, comme les revenus ; la Finlande précise à cet égard que, dans sa structure fiscale, la part des impôts progressifs sur le revenu est élevée, ce qui peut être un avantage pour les femmes.

- La Norvège indique que l'asymétrie de la répartition des actifs économiques, et principalement de la richesse, entre les hommes et les femmes engendre un biais implicite potentiel, une modification de l'impôt sur la fortune nette pouvant avoir des conséquences différentes pour les hommes et les femmes.

- Enfin, pour le Portugal, l'égalité entre les sexes est indissociable d'autres objectifs sociaux comme la lutte contre la pauvreté. À cet égard, le Portugal considère que les mesures qui ont amélioré la progressivité du système fiscal général (pour ce qui est de la structure des taux d'imposition, des crédits d'impôt personnels et des taux de la taxe sur la valeur ajoutée (TVA) appliqués au gaz et à l'électricité) avaient eu un effet indirect significatif sur l'égalité entre les sexes.

Parmi les 17 pays (40 % des répondants) qui considèrent que leur structure fiscale influe sur l'égalité entre les sexes[2], différents types d'impacts ont été décrits :

- L'Australie indique qu'en vertu de son système d'IRPP, les hommes et les femmes se trouvant dans une situation identique sont soumis aux mêmes règles quant à l'imposition des revenus.

- Quelques pays relèvent que la structure fiscale peut contribuer à réduire les inégalités entre les sexes, notamment :

  o L'Indonésie a intégré des mesures différenciées en fonction des sexes dans certaines réglementations fiscales ; ainsi, une femme mariée peut désormais choisir de posséder son propre numéro d'identification fiscale ; le temps de travail pour le personnel masculin et féminin a été modifié afin de favoriser une participation équitable et d'augmenter la productivité ; enfin, certains services ont été mis en place pour les femmes, comme des salles d'allaitement ou un stationnement prioritaire.

  o L'Afrique du Sud déclare que sa structure fiscale est influencée par le niveau élevé des inégalités de revenus, qui la conduit à s'appuyer sur les impôts directs (qui constituent environ deux-tiers des recettes fiscales). Dans ce pays, l'IRPP est très progressif et peut être considéré comme corrigeant les biais sexistes sur le marché du travail.

  o Pour les États-Unis, même si la structure de leur système fiscal ne prévoit pas de traitement différent pour les hommes et les femmes, elle peut affecter l'égalité entre les sexes par son interaction avec les écarts de revenus, la structure familiale et le travail non rémunéré. Ainsi, la progressivité de l'IRPP et le crédit d'impôt sur le revenu gagné remboursable profitent aux femmes en raison des écarts de salaire par rapport aux hommes et de la prévalence des ménages monoparentaux dans lesquels le parent est une femme ; en revanche, le choix d'un système d'imposition par foyer pour l'IRPP et la proportionnalité/dégressivité des taux des cotisations de sécurité sociale peuvent désavantager les femmes.

- À l'inverse, plusieurs pays observent que leur structure fiscale pourrait avoir pour effet d'aggraver les biais sexistes :
  - L'Argentine note ainsi que le poids relatif de la TVA est plus important pour les femmes, qui sont surreprésentées dans les déciles inférieurs des revenus. Dans ce pays, la TVA et les impôts sur les revenus (des sociétés comme des personnes physiques) représentent plus de 50 % des recettes fiscales.
  - L'Estonie relève pour sa part que, sans connaître l'impact exact de sa structure fiscale, il est probable que la prévalence de la propriété masculine des actifs commerciaux et de placement dans le groupe supérieur de la répartition des revenus confère à ces hommes un avantage sur le plan fiscal, sachant que les revenus tirés de la propriété des actifs commerciaux et de placement sont relativement moins taxés que le travail.
  - Pour la France, la politique fiscale peut affecter l'égalité femmes-hommes par le biais de leur participation au marché du travail. En effet, l'imposition basée sur le foyer peut amoindrir l'incitation à travailler pour le second apporteur ; or, dans les couples de sexe différent mariés ou unis par un partenariat civil, 78 % des seconds apporteurs sont des femmes (d'après l'Institut national de la statistique et des études économiques)3. Toutefois, cet impact du système fiscal ne saurait être considéré de manière isolée, sans tenir compte des allocations et prestations sociales et familiales octroyées sur la base du foyer, ainsi que d'autres mesures de politique publique comme celles relatives à la garde des enfants.
  - Les Pays-Bas indiquent que la combinaison d'une imposition individualisée et d'une imposition basée sur le foyer peut affecter la répartition du travail dans le ménage.
  - Le Royaume-Uni constate de son côté que lorsque les femmes sont plus susceptibles d'exercer certains types d'activités économiques qui sont imposées différemment ou ne remplissent pas les conditions pour bénéficier de mesures incitatives, l'impact global de la fiscalité peut différer selon le sexe ; néanmoins, l'impact de la fiscalité des différents secteurs sur les femmes n'est pas évalué. Par exemple, les déductions fiscales pour les activités reposant largement sur des machines profitent de manière disproportionnée aux hommes.

- Enfin, deux pays notent que la structure fiscale peut affecter différemment les hommes et les femmes pour plusieurs raisons, et soulignent qu'il faut s'attacher à la conception de chaque impôt pour déterminer cet impact sur l'égalité femmes-hommes :
  - Le Mexique observe que la TVA est certes dégressive si on la considère de manière isolée, ce qui suggère un biais à l'encontre des ménages à faibles revenus (un groupe dans lequel les femmes sont surreprésentées), mais que d'autres aspects qui caractérisent la conception de cette taxe peuvent atténuer ces biais. De manière similaire, dans d'autres domaines du système fiscal, les avantages profitent aux ménages à faibles revenus, ce qui peut constituer des biais implicites en faveur des femmes.
  - En Uruguay, même si la conception des impôts indirects est explicitement neutre au niveau de la législation, les exemptions ou les taux réduits dont sont assorties les taxes frappant certains biens et services peuvent, combinés à des schémas de consommation différents entre les hommes et les femmes, induire des distorsions de la neutralité de la structure fiscale.

Sur 43 pays, 22 (soit 51 % des répondants) ont mis en place des politiques ou des réformes fiscales procédant notamment d'une volonté d'équité entre les sexes (Tableau 3.1). Dix-sept pays ont indiqué que leurs réformes n'avaient pas été mises en œuvre dans un objectif d'équité entre les sexes, et quatre n'ont pas répondu à la question.

Tableau 3.1. Des politiques/mesures ou réformes fiscales procédant notamment d'une volonté d'équité entre les sexes ont-elles été mises en œuvre dans votre pays ?

Réponse	Nombre	Proportion	Pays
Oui	22	51.2 %	Afrique du Sud ; Arabie saoudite ; Argentine ; Belgique ; Espagne ; Estonie ; États-Unis ; France ; Indonésie ; Irlande ; Islande ; Israël ; Italie ; Kenya ; Luxembourg ; Mexique ; Norvège ; Pays-Bas ; Suède ; Suisse ; Ukraine ; Uruguay
Non	17	40.5 %	Allemagne ; Australie ; Autriche ; Brésil ; Canada ; Costa Rica ; Croatie ; Finlande ; Grèce ; Hongrie ; Monténégro ; Nouvelle-Zélande ; Pérou ; Roumanie ; Royaume-Uni ; Saint-Marin ; Tunisie

Note : quatre pays (9.3 %) n'ont pas répondu à cette question.
Source : Questionnaire de l'OCDE sur l'état des lieux en matière de fiscalité et d'égalité femmes-hommes, 2021

Parmi les pays qui ont mis en œuvre des réformes fiscales procédant d'une volonté d'équité entre les sexes, certains ont fourni quelques exemples :

- Le 10 décembre 2017, la Belgique a pris un arrêté royal instaurant un taux réduit sur les produits destinés à la protection hygiénique féminine. La France a adopté une mesure similaire le 1er janvier 2016. Le Kenya (Kidwingira, Mshana and Okyere, 2011[18]) et l'Islande appliquent également un taux réduit à ces produits, tandis que l'Australie (depuis 2019), le Mexique (depuis le 1er janvier 2022) et l'Afrique du Sud ont opté pour un taux zéro.

- Depuis 2017, en France, un parent célibataire divorcé ou séparé vivant seul et ayant un ou plusieurs enfants à charge bénéficie d'une demi-part supplémentaire selon les règles de l'impôt sur le revenu basé sur le foyer fiscal (pour le calcul du quotient familial, qui est à la base du système d'IRPP français). Cette mesure avantage surtout les femmes, qui sont surreprésentées dans les familles monoparentales, la France précisant en effet qu'en 2018, 83.2 % des parents isolés étaient des femmes.

- En Israël, la mère et le père bénéficient du même nombre de points de crédit d'impôt pour un enfant de moins de cinq ans. Lorsque l'enfant a entre 6 et 17 ans, la mère a droit à un point de crédit d'impôt par an, et un demi-point l'année des 18 ans de l'enfant. En outre, les femmes peuvent décider de reporter un point de crédit d'impôt de l'année de naissance de l'enfant à l'année suivante. L'octroi de points de crédit d'impôt supplémentaires aux femmes est une façon de tenir compte de leur niveau de revenus inférieur à celui des hommes.

- En Italie, suite au « budget sexospécifique de 2019 » (Ministère de l'Économie et des Finances, Italie, 2019[19]), la loi de finances de 2020 a entériné de nombreuses mesures destinées à promouvoir l'égalité des chances, dont la reconduction d'initiatives pilotes comme l'allocation de naissance (« prime bébé »), une « prime crèche », un prêt pour retraite anticipée et une option de retraite anticipée pour les femmes.

- En Norvège, en vertu de la « catégorie fiscale 2 » (« skatteklasse 2 »), les couples ayant contracté une union civile et les couples mariés enregistrés pouvaient choisir l'imposition commune, ce qui était avantageux si les revenus de l'un des deux étaient inférieurs à certain seuil. En 2019, cette catégorie a été supprimée, cette suppression ayant été en partie motivée par l'objectif de renforcer les incitations au travail pour les femmes.

- L'Arabie saoudite a adopté un plan Vision 2030 dans le but de conférer davantage d'autonomie aux femmes et d'accroître leur participation au marché du travail. Il prévoit plusieurs mesures spécifiques, comme une allocation mensuelle versée aux femmes divorcées remplissant certaines conditions, et une allocation de transport spécifique pour les trajets professionnels.

- L'Espagne mentionne de son côté sa Loi organique 3-2007 visant à instaurer une égalité effective entre les femmes et les hommes sur le plan de l'accès à l'emploi, de la formation professionnelle et de l'avancement, des conditions de travail, ainsi que de l'accès aux biens et services et de leur fourniture. Depuis 1971, en Suède, l'imposition des revenus du travail est individualisée. En outre, chaque année, les effets sur l'égalité économique résultant des politiques publiques mises en place par le gouvernement, y compris en matière fiscale, font l'objet d'une analyse générale (Gouvernement de la Suède, 2020[20]).

- Les États-Unis ont mené plusieurs réformes afin de promouvoir les objectifs d'égalité femmes-hommes. Citons par exemple :
  o une déduction pour les personnes dépendantes qui ne pouvait être demandée que par une femme, un veuf ou un mari ayant une femme atteinte d'une incapacité, et qui a été étendue à toute personne éligible, sans considération du sexe ;
  o une déduction pour le second apporteur de revenus en vigueur entre 1981 et 1986, conçue pour réduire les inégalités entre les couples mariés disposant d'un seul revenu et ceux disposant de deux revenus ;
  o un crédit d'impôt pour garde d'enfant et de personne dépendante créé en 1976 pour renforcer les incitations au travail des familles avec enfants ;
  o au cours des vingt dernières années, plusieurs mesures ont visé à réduire l'imposition des couples mariés et les taux marginaux effectifs d'imposition pour le second apporteur, notamment en étendant le crédit d'impôt sur le revenu gagné ;
  o plusieurs États envisagent d'exclure les produits d'hygiène féminine de l'assiette de la taxe sur les ventes.

3.1.2. Mesures ciblées

En ce qui concerne l'impôt sur les revenus des personnes physiques, 27 pays (soit 63 % des répondants) ont opté pour l'imposition individualisée. Six pays (Belgique, France, Islande, Indonésie, Suisse et États - Unis) utilisent le foyer comme base d'imposition, et neuf permettent aux contribuables de choisir entre les deux.

Tableau 3.2. Votre système d'impôt sur le revenu est-il individualisé ou basé sur le foyer ?

Réponse	Nombre	Proportion	Pays
Imposition individualisée	27	62.8 %	Afrique du Sud ; Argentine ; Australie ; Autriche ; Canada ; Croatie ; Costa Rica ; Estonie ; Finlande ; Grèce ; Hongrie ; Israël ; Italie ; Kenya ; Lettonie ; Mexique ; Monténégro ; Nouvelle-Zélande ; Norvège ; Pérou ; Roumanie ; République slovaque ; Royaume-Uni ; Saint-Marin ; Slovénie ; Suède ; Tunisie
Imposition basée sur le foyer	6	13.9 %	Belgique ; États-Unis ; France ; Islande ; Indonésie ; Suisse
Choix entre imposition individualisée ou basée sur le foyer	8	18.6 %	Allemagne ; Brésil ; Espagne ; Irlande ; Luxembourg ; Pays-Bas ; Portugal ; Ukraine

Note : un pays (2.3 %) n'a pas répondu à cette question. En outre, l'Arabie saoudite n'impose pas les revenus des personnes physiques et n'est par conséquent pas incluse.
Source : Questionnaire de l'OCDE sur l'état des lieux en matière de fiscalité et d'égalité femmes-hommes, 2021.

La plupart des pays qui ont opté pour l'imposition individualisée indiquent que ce système a pour effet d'encourager l'offre de main-d'œuvre féminine et de renforcer l'égalité. Pour l'Australie, l'imposition individualisée permet au second apporteur de revenus de bénéficier du seuil de non-imposition et ainsi d'encourager sa participation au marché du travail. L'Autriche indique que diverses études ont montré que l'imposition des revenus basée sur le foyer produisait des incitations négatives au travail pour le second apporteur, tandis que l'imposition individualisée offrait davantage de neutralité sur le plan de l'égalité des sexes. La France, le Mexique et le Royaume-Uni soulignent également l'effet délétère de l'imposition par foyer fiscal sur l'égalité des sexes en raison de son impact sur les taux d'imposition marginaux du second apporteur et d'effets négatifs sur l'offre de main-d'œuvre féminine. Les taux d'imposition marginaux peuvent s'en trouver élevés pour le second apporteur qui cherche à entrer sur le marché du travail ou passer d'un temps partiel à un temps plein (OCDE, 2019[21]) (Harding, Paturot and Simon, 2022 (à paraître)[22]). En France, l'Institut national de la statistique et des études économiques estime qu'en raison de l'imposition au niveau du foyer, le taux d'imposition marginal est augmenté de 5.9 points de pourcentage en moyenne par rapport à l'hypothèse d'une imposition individualisée, même si d'autres mesures comme les allocations familiales peuvent jouer un rôle d'incitation à la participation au marché du travail du second apporteur de revenus (INSEE, 2019[23]). Aux États-Unis, l'imposition par foyer fiscal remonte à 1948. (LaLumia, 2008[24]) a estimé qu'il en avait résulté une baisse du taux d'activité des femmes mariées d'environ deux points de pourcentage, mais que cela n'avait pas eu d'impact sur la participation au marché du travail des hommes mariés.

De nombreux pays imposent les revenus des personnes physiques au niveau individuel mais attribuent des crédits d'impôt ou des prestations en se basant sur le foyer. Ainsi, en Hongrie, l'IRPP se fonde sur les revenus individuels, mais quelques prestations (comme les allocations familiales) peuvent être partagées par les parents (sans que cela soit lié à la situation matrimoniale). Dans nombre de pays, les crédits d'impôt ou les prestations déterminés sur le critère de la famille peuvent avoir pour effet d'augmenter le taux d'imposition pour le second apporteur de revenus (OCDE, 2016[13]). Quelques pays accordent des abattements ou des réductions d'impôt à l'époux sans emploi ou dont les revenus ne dépassent pas un certain seuil. Ces dispositions appliquées aux époux peuvent avoir pour effet de réduire l'offre de travail du second apporteur en le dissuadant de travailler ou en l'incitant à se maintenir en-deçà du seuil donné (en travaillant à mi-temps par exemple), ainsi que le soulignait l'étude (OCDE, 2019[25]) à propos de la déduction pour conjoint au Japon.

D'autres pays utilisent une base d'imposition individualisée pour l'impôt sur le revenu, mais une base combinée pour d'autres impôts ; en Norvège par exemple, pour l'impôt sur la fortune nette, les époux sont imposés conjointement. En Grèce, les époux déposent une déclaration conjointe, mais chacun d'eux n'est redevable que de l'impôt dû au titre de ses revenus propres. En Hongrie, l'imposition est toujours basée sur l'individu, mis à part dans quelques cas exceptionnels où le foyer peut être soumis à l'IRPP, par exemple en cas d'avantages en nature. Le Royaume-Uni impose également les revenus au niveau de l'individu mais certains allègements sont fonction de la situation familiale, comme l'abattement pour les couples mariés qui permet de transférer 10 % de l'abattement personnel au mari, à la femme, ou au partenaire civil. L'abattement est réservé aux couples dans lesquels celui dont les revenus sont les plus élevés est imposé au taux de base, et n'est avantageux que si l'impôt de celui dont les revenus sont les moins élevés est inférieur à l'abattement personnel. L'abattement doit faire l'objet d'une demande et n'est accordé que si le couple remplit les critères d'éligibilité.

Les pays qui permettent qu'une partie ou la totalité des éléments de l'imposition individualisée s'appliquent à un foyer notent que le choix d'une imposition basée sur le foyer pourrait comporter d'autres avantages sur le plan de l'égalité des sexes, notamment pour les contribuables à faibles revenus. L'Islande, dont le système est également basé sur le foyer, relève que l'imposition commune « a été réduite de manière systématique » pour encourager la participation au marché du travail de celui ou celle dans le couple dont les revenus étaient les plus faibles, souvent la femme. La législation offre la possibilité aux personnes non mariées mais vivant en concubinage de choisir entre imposition individualisée ou imposition sur la base du foyer. À niveau de revenu égal, les foyers monoparentaux, le plus souvent des femmes, sont soumis au même traitement que les foyers à deux revenus. Le gouvernement fédéral travaille actuellement sur une réforme fiscale de grande ampleur qui devrait modifier cet aspect de la législation. Prévue pour 2020, cette refonte totale de l'impôt sur le revenu comprend : 1) une baisse des taux d'imposition pour les personnes qui perçoivent le salaire minimum ; 2) un nouveau mécanisme d'indexation pour renforcer les propriétés de stabilisation de l'impôt sur le revenu ; et 3) une plus grande neutralité du système fiscal eu égard au sexe et à l'état matrimonial.

Tout en appliquant un système basé sur le foyer fiscal, la Belgique a entrepris, entre 2001 et 2004, de réformer son IRPP pour l'orienter vers un système plus individualisé (Orsini, 2005[26]). Puis, en 2006, la Belgique a mis en place la coparentalité fiscale, qui a modifié le régime de l'enfant à charge pour mieux tenir compte de la situation des couples séparés. Ce régime a ensuite été étendu en 2016 pour inclure les personnes de plus de 18 ans (Service public fédéral Finances - Belgique, 2021[27]). La Belgique indique que, bien que plusieurs réformes aient été mises en œuvre pour davantage individualiser les droits (en 1988 et 2001), certains aspects n'étaient toujours pas individualisés.

Dans plusieurs autres pays, les contribuables peuvent choisir entre l'imposition individualisée et l'imposition basée sur le foyer en fonction de leur situation. Le Luxembourg indique de son côté que les revenus des conjoints et des partenaires étaient auparavant soumis à une imposition commune mais que, depuis 2018, il leur était possible dans certains cas de déclarer leurs revenus séparément. Le Luxembourg ne considère donc pas que l'imposition individualisée a un impact direct sur l'égalité des sexes, tout en relevant qu'elle pouvait créer des incitations indirectes à la participation au marché du travail du second apporteur de revenus. L'Espagne permet également aux ménages de choisir entre une déclaration fiscale individuelle ou commune, et considère que cette possibilité profite aux individus à faibles revenus, ce qui a pour effet de réduire les inégalités entre les sexes. En Irlande, un rapport intitulé « Fiscalité, travail et égalité des sexes en Irlande » (Doorley, 2018[28]) a cherché à déterminer si le choix du pays de passer d'une déclaration commune à une individualisation partielle en matière d'impôt sur le revenu avait eu des retombées sur l'offre de travail des femmes et les tâches liées à des responsabilités familiales. Son auteur y expliquait l'importance de supprimer les freins à l'emploi pour tous ceux qui avaient le désir et la capacité de travailler et explorait les différences de comportement entre les hommes et les femmes sur le marché du travail. Le rapport parvenait au constat que le taux de participation au marché du travail des femmes mariées avait progressé de 5 à 6 points de pourcentage dans le sillage de la réforme et que la durée du travail avait augmenté de deux heures par semaine, tandis que les heures non rémunérées consacrées aux enfants avaient diminué à peu près d'autant. Les Pays-Bas notent pour leur part que leur système fiscal combine des aspects de l'imposition individualisée et de l'imposition par foyer. En principe, la base retenue pour l'IRPP est l'individu ; mais si deux personnes sont partenaires au regard de la fiscalité, elles peuvent se répartir la majorité des déductions ainsi que certaines des composantes des revenus personnels (par exemple, les revenus d'intérêts substantiels, d'épargne ou de placements).

La majorité des pays examinés (38 sur 43, soit 88 %) indiquent que l'imposition informelle, définie dans (Olken, 2011[29]) comme « un système de financement local des biens publics coordonné par des représentants de l'État mais mis à exécution socialement plutôt qu'à travers le système juridique formel », n'était pas courante ou très peu présente dans leur pays. Quatre pays, le Kenya et l'Italie (*très courante*) et l'Argentine et l'Ukraine (*dans une certaine mesure*), ont indiqué que l'imposition informelle était présente, et un pays n'a pas répondu. Le Kenya, qui estime que le secteur informel représente 30 % du PIB, considère qu'il aggrave les biais sexistes.

3.1.3. Conséquences de la pandémie de COVID-19

Pour plus des deux-tiers des pays examinés (30 sur 43, soit 70 %), le COVID-19 n'a pas nécessairement aggravé le risque de biais sexistes dans le système fiscal. Certains d'entre eux (Canada, Kenya et Saint - Marin) notent que les femmes ont été davantage affectées que les hommes, mais que la crise n'avait eu aucun impact ou un impact très limité sur le risque de biais sexistes dans le système fiscal.

En revanche, pour dix pays, la crise du COVID-19 a aggravé ce risque (Argentine, Australie, Espagne, Indonésie, Irlande, Islande, Kenya, Mexique, Norvège et Royaume-Uni). Parmi eux :

- En Argentine, la pandémie de COVID-19 a eu un impact significatif sur le secteur informel. Les services domestiques en particulier, qui représentent 25 % de l'emploi dans le secteur informel et 17 % de la main d'œuvre féminine dans le pays, ont été sévèrement touchés, ce qui a creusé les écarts de revenus entre les hommes et les femmes.

- En Australie, en vertu du système d'IRPP en vigueur, un homme et une femme disposant de revenus imposables de même niveau et de même nature paient le même montant d'impôt. Par conséquent, la pandémie n'a pu modifier la répartition entre les sexes de l'impôt payé que dans la mesure où elle a affecté plus largement la répartition sous-jacente des revenus entre les hommes et les femmes dans la société.

- En Islande, le système de remboursement de la TVA a été réformé pendant la pandémie afin de permettre temporairement son remboursement pour les projets de construction et les réparations automobiles, ce qui a probablement profité aux secteurs à dominante masculine.

- L'Espagne rapporte que plus de 50 % de l'emploi des femmes est concentré dans quatre secteurs (le commerce, le tourisme, l'éducation, et la santé et les services sociaux) qui ont été directement touchés par la pandémie. En outre, la reprise de l'activité dans le pays entre le deuxième et le troisième trimestre de 2020 a été légèrement plus importante pour les hommes que pour les femmes, ce qui a creusé les écarts. Ensuite, les tâches non rémunérées consacrées aux enfants ou aux personnes âgées ou dépendantes révèlent également des disparités entre les sexes (BBVA, 2020[30]). Selon les données Eurostat-INE, en Espagne, 95 % des femmes assument des responsabilités parentales au quotidien, contre 68 % d'hommes. Cette inégalité signifie que la charge de la garde des enfants est davantage supportée par les femmes et constitue, dans la plupart des cas, un frein à leur participation au marché du travail (Castellanos-Torres, Mateos and Chilet-Rosell, 2020[31]).

Onze pays sur 43 (26 % des répondants) (Argentine, Australie, Autriche, Canada, Espagne, Finlande, Irlande, Islande, Italie, Royaume-Uni et Suède) ont évalué les mesures fiscales adoptées en réaction à la crise au regard de leurs effets sur l'égalité femmes-hommes.

- L'Argentine a mis en œuvre un certain nombre de mesures spécifiquement conçues pour protéger les femmes, les personnes non binaires et d'autres groupes vulnérables dans leur emploi durant la pandémie. Dans le cadre des mesures adoptées pour promouvoir une économie basée sur le savoir, une déduction fiscale plus élevée a été octroyée pour les paiements des cotisations de sécurité sociale engagés par l'employeur pour les femmes, les employés non binaires ou atteints d'un handicap, et les chômeurs longue durée (80 % contre 70 % pour les autres actifs ; (Congrès de la Nation argentine, 2020[32])) ; les déductions ont également été augmentées pour les honoraires d'administrateur ou de fiduciaire des femmes ou des personnes non binaires dans le cadre de mesures visant à appliquer une approche sexospécifique de l'impôt sur les sociétés (Ministère de l'Économie (Argentine), 2021[33])) ; enfin, un programme d'« accompagnement » a été mis en place pour les personnes exposées à des risques de violences sexistes.

- Le Trésor australien a entrepris une analyse de la répartition intégrant l'égalité femmes-hommes en ce qui concerne l'impact de la reconduction de la réduction d'impôt pour les revenus faibles et intermédiaires (low and middle income tax offset, LMITO) pour l'année fiscale 2021-22. Une étude publiée par l'Irlande sur « L'écart des revenus entre hommes et femmes et la pandémie de COVID - 19 » (Doorley, O'Donoghue and Sologon, 2021[34]) a constaté que cet écart était moins important après impôts. Elle a en outre relevé que le revenu marchand des hommes restait supérieur à celui des femmes, bien que la perte d'emploi ait été légèrement plus élevée pour ces dernières, de sorte que les hommes continuaient de payer systématiquement plus d'impôts que les femmes. Avant la pandémie, le système prélèvements/prestations réduisait l'écart des revenus de 40 % à 35 %. Or, cette analyse a démontré que l'effet amortisseur de ce système avait été multiplié par deux pendant la pandémie.

- L'Autriche indique vouloir renforcer les mesures d'impact ciblant l'« objectif d'égalité des sexes » du budget fédéral de 2020 afin que le système fiscal intègre des incitations positives visant à accroître le taux d'activité.

- Au Canada, la Loi canadienne sur la budgétisation sensible aux sexes impose que toute décision en matière de fiscalité et d'allocation de ressources tienne compte de l'impact sur les sexes et la diversité. Le Canada a mis en place un certain nombre de mesures pour aider les individus et les entreprises à surmonter la crise du COVID-19 (Gouvernement du Canada, 2020[35]).

- En Espagne, tous les projets de réglementation incluent une évaluation de l'impact sur les hommes et les femmes, y compris en ce qui concerne les mesures prises dans le cadre de la crise du COVID-19.

3.2. Biais explicites

Un biais explicite existe dès lors que la politique fiscale ou l'administration fiscale traite différemment les hommes et les femmes, par exemple en vertu de la loi, de la réglementation ou de principes juridiques. C'est notamment le cas lorsqu'il existe des taux ou seuils d'imposition différenciés, que certains crédits d'impôt ou impôts s'appliquent uniquement aux hommes ou aux femmes ou que les procédures administratives varient selon le sexe (par exemple, si les modalités d'accès à l'information diffèrent selon les hommes et les femmes).

Ce chapitre s'intéresse aux réponses fournies par les pays aux questions portant sur des exemples actuels et passés de biais explicites qui soit concernent les personnes de l'un ou l'autre sexe (par exemple les dispositifs qui favorisent ou désavantagent les femmes), soit prennent la forme d'un traitement différencié selon le sexe.

3.2.1. Les biais explicites dans les systèmes fiscaux en vigueur

Très peu de pays (7 sur 43 qui ont répondu) ont fourni des exemples de biais explicites dans leur système fiscal actuel (Afrique du Sud, Argentine, Espagne, Hongrie, Irlande, Israël et Suisse).

L'Argentine, l'Espagne, la Hongrie, l'Irlande, Israël et la Suisse font état de biais explicites dans leur système d'IRPP (sous la forme de déductions, de crédits d'impôts, de taux ou de seuils). En particulier :

- En Argentine, avant la modification du Code civil en 2015, les biens des couples mariés étaient attribués au mari à quelques exceptions près (article 18 du décret 281/97 de l'Administration publique nationale), de sorte que pour ces biens, les femmes étaient invisibles en tant que contribuables. D'un autre côté, l'Argentine a mis en place des mesures intégrant des biais explicites pour compenser les disparités entre hommes et femmes, notamment afin de promouvoir l'inclusion dans l'économie formelle des femmes et des personnes transgenres dans certaines régions ; le pays a également octroyé des déductions au titre des dépenses de garde d'enfants aux parents d'enfants de moins de trois ans, et au titre des charges familiales aux partenaires qui cohabitent (et non plus aux seuls couples mariés).

- En Hongrie, depuis 2020, les mères de quatre enfants ou plus bénéficient d'un allègement spécial en matière d'IRPP. Seules les mères en bénéficient, tandis que les deux parents ont droit à un allègement familial général.

- Autre exemple de biais explicite, en Israël : la possibilité pour les femmes de reporter des points de crédit d'impôt et de bénéficier de points supplémentaires (abordée dans le chapitre 3).

- En vertu de la loi 35/2006 sur l'impôt sur le revenu, le système fiscal espagnol accorde aux mères une réduction d'impôt pouvant aller jusqu'à 1200 EUR par an pour chaque enfant de moins de trois ans né ou adopté en Espagne.

- La Suisse indique également que ses taux d'IRPP comportent des biais. L'impôt sur le revenu y est basé sur le foyer (à condition que le couple soit marié). Alliée à une progressivité des taux, l'imposition au niveau du foyer incite peu le second apporteur de revenus, souvent la femme, à chercher un emploi. La Cour suprême a jugé dès 1986 que cette situation était contraire à la Constitution ; pourtant, le Parlement ne s'est toujours pas accordé sur un remède, la situation n'ayant été que partiellement réglée au moyen d'une déduction pour le second apporteur de revenus. De nombreux ménages sont toujours frappés par cette « pénalité pour mariage » résultant du système fédéral d'imposition des revenus. En outre, les couples (mariés) sont enregistrés et déclarent leurs revenus sous le nom du mari, qui est considéré comme le chef de famille, qu'il soit ou non le premier apporteur de revenus.

En ce qui concerne les cotisations de sécurité sociale (CSS), peu de pays ont fourni des exemples de biais explicites. Cependant, en Espagne, les travailleurs indépendants peuvent opter pour un régime de taux forfaitaire sous certaines conditions. Ce régime est appliqué pendant 30 ans au plus pour les hommes et 35 ans au plus pour les femmes, de sorte que les femmes bénéficient d'une prolongation dans le temps de l'avantage fiscal[4]. Les femmes à leur compte ont droit à d'autres avantages explicites, dont une aide pour les femmes enceintes célibataires et pour les mères isolées, et un congé maternité de 16 semaines assorti d'une indemnité équivalant à 100 % de la base de calcul. Enfin, toujours en Espagne, les femmes victimes de violences sexistes qui doivent suspendre leur activité professionnelle pour se protéger peuvent bénéficier d'une prime de 100 % dans la « cotisation freelance » (Debitoor, 2021[36]). En Argentine, les contributions de sécurité sociale des employeurs ont été réduites en 2020 pour inciter au recrutement de femmes, de personnes transgenres, de personnes atteintes d'un handicap, et de chômeurs longue durée.

L'Afrique du Sud fait également état de biais explicites dans son système de TVA/TPS, comme le taux zéro pour les produits d'hygiène féminine. D'autres pays appliquent un traitement préférentiel à ces produits. Le Royaume-Uni a annoncé son intention de soumettre les produits d'hygiène féminine au taux zéro à compter du 1er janvier 2021 (OCDE, 2020[37]). Le 10 décembre 2017, la Belgique a pris un arrêté royal instaurant un taux réduit pour les produits destinés à la protection hygiénique. En 2004, le Kenya a adopté une exemption fiscale pour les produits d'hygiène féminine, et c'est le premier pays au monde à avoir mis en place, en 2019, une politique de gestion de l'hygiène menstruelle (Ministère de la Santé, 2019[38]) pour fournir aux femmes, aux filles, aux hommes et aux garçons des informations sur les menstruations. L'Islande a également mis en place pour les produits d'hygiène féminine un taux de TVA réduit de 11 %, le taux normal étant de 24 % (voir la section Priorités en matière de politique fiscale et d'égalité des sexes). De manière similaire, depuis le 1er janvier 2022, un taux zéro est appliqué à ces produits au Mexique afin de promouvoir l'égalité des sexes.

Graphique 3.2. Existe-t-il des exemples de biais explicites dans le système fiscal en vigueur dans votre pays ?

Nombre de pays

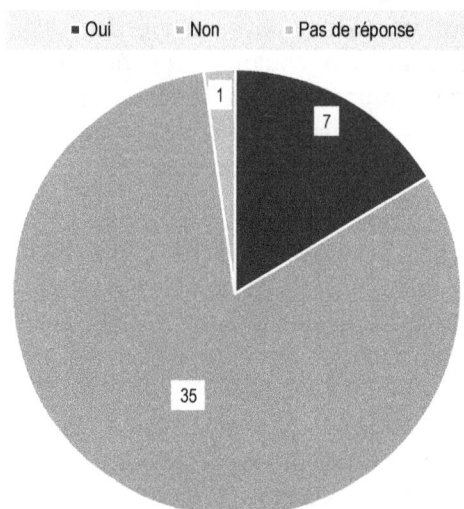

Source : Questionnaire de l'OCDE sur l'état des lieux en matière de fiscalité et d'égalité femmes-hommes 2021.

StatLink ⫘⫘⫘ https://stat.link/e0wcy5

3.2.2. Biais explicites historiques

Trois pays citent des exemples de biais explicites qui ont été supprimés de leur système fiscal. L'Argentine a ainsi abrogé la disposition mentionnée ci-dessus concernant l'IRPP selon laquelle la propriété des biens du mariage était attribuée au mari, à l'exception des biens acquis par la femme avant le mariage. Ce biais a été supprimé en 2017, lorsqu'il a été explicitement décidé que les deux époux seraient imposés individuellement sur leurs biens et sur 50 % des biens acquis pendant le mariage. Entre 1980 et 1999, l'Irlande appliquait un système de partage des revenus qui permettait aux couples mariés de réduire leur facture fiscale en se répartissant les réductions et les tranches tarifaires. En 1993, l'Irlande a supprimé l'obligation d'effectuer cette déclaration commune au nom du mari (Stotsky, 1996[7]). Cette mesure s'est accompagnée d'autres réformes visant à réduire les incitations implicites, comme l'individualisation partielle de l'impôt sur le revenu (tranches d'imposition à taux normal) en 2000 dans le but d'augmenter les incitations au travail pour le second apporteur de revenus ainsi que la participation des femmes au marché du travail. En 2002, dans le cadre d'une autre réforme, les tranches d'imposition au taux normal pour les personnes célibataires et les couples disposant de deux revenus ont été augmentées de 10 % de plus que la tranche au taux normal pour les couples à un seul revenu. Si l'individualisation est avantageuse pour les célibataires, elle est moins favorable aux familles avec une source unique de revenus dès lors que ces revenus sont supérieurs à la tranche fiscale applicable à leur situation (actuellement de 44 300 EUR). Pour y remédier, l'Irlande a mis en place un crédit d'impôt sur mesure pour personne à charge (*home career's tax credit,* HCC), qui a ensuite été augmenté et étendu progressivement.

Les États-Unis font état d'un biais explicite dans une déduction de l'article 214 de l'Internal Revenue Code applicable aux dépenses engagées pour certaines catégories de personnes dépendantes. En vertu de cet article, la « femme ou veuve » ou le « mari dont la femme est atteinte d'une incapacité ou placée dans une institution » peuvent faire une demande de déduction. À partir de 1972, cette disposition a été modifiée pour étendre l'éligibilité sans considération du sexe.

Au-delà des informations fournies par les pays en réponse à l'enquête, (Stotsky, 1996[7]) cite une série d'exemples de biais explicites historiques dans les pays étudiés qui ont depuis fait l'objet de réformes. Ainsi, en France, seul le mari était auparavant tenu de remplir une déclaration de revenus pour la famille ; depuis 1983, les deux partenaires sont soumis à cette obligation. De manière similaire, le Royaume-Uni est passé en 1990 d'une déclaration commune au nom du mari à une déclaration séparée des deux membres du couple. Par le passé, aux Pays-Bas comme en Afrique du Sud, la charge fiscale était plus élevée pour les femmes mariées que pour les hommes mariés : aux Pays-Bas, par l'effet d'un seuil de non-imposition plus élevé pour les hommes (avant 1984), et en Afrique du Sud, par le biais d'un barème des taux plus élevé pour les célibataires et les femmes mariées que pour les hommes mariés (réforme intervenue en 1995) (Stotsky, 1996[7]).

3.3. Biais implicites

Un biais sexiste de nature implicite existe dès lors que, du fait du schéma sexospécifique de l'organisation sociale, des disparités salariales entre les sexes et des comportements économiques, les conséquences de la politique fiscale ou du traitement de l'administration fiscale diffèrent entre les femmes et les hommes, au détriment de l'équité entre les sexes (par exemple, dans la plupart des pays, le deuxième apporteur de revenus au sein du foyer étant généralement une femme, il est possible que le traitement fiscal réservé au second apporteur influe sur l'équité entre les sexes). De la même façon que les biais explicites, les biais implicites peuvent être préjudiciables pour l'un ou l'autre des sexes.

Près des deux-tiers des pays étudiés (25 sur 43, soit 58 %) indiquent n'avoir pas mené d'analyse pour recenser et/ou examiner les biais implicites que comporte leur système fiscal. Parmi ces pays, quatre (Allemagne, Indonésie, Monténégro et Saint-Marin) envisagent de le faire à l'avenir. Les États-Unis soulignent de leur côté que des études portant sur d'autres thèmes ont décelé des biais implicites (par exemple, des études sur les taux d'imposition appliqués au second apporteur de revenus et le crédit d'impôt sur le revenu gagné, notamment l'étude (Department of the Treasury, 2015[39]) (Lin and Tong, 2014[40]) (Center on Budget and Policy Priorities, 2019[41])), mais aucune étude exhaustive des biais implicites contenus dans le système fiscal dans son ensemble n'est disponible.

Le nombre limité de pays à avoir évalué les biais implicites peut s'expliquer par i) le fait que seule la moitié des pays considèrent que leur système fiscal comporte un risque de biais implicites (23 sur 43), ii) le peu de pays à tenir compte des problématiques de biais implicites dans la conception de la politique fiscale (19 sur 43) et iii) le manque de consignes sur la procédure à suivre pour prendre en considération ou détecter les biais implicites dans la conception des politiques fiscales.

L'absence de consignes de ce type est généralisée, puisque seuls cinq pays sur les 43 étudiés indiquent en disposer (Autriche, Espagne, Nouvelle-Zélande, Saint-Marin et Suède). Certains pays utilisent des lignes directrices générales pour évaluer l'impact de leurs politiques sur l'égalité entre les sexes (comme l'Islande) ou disposent de recommandations en matière de budgétisation sexospécifique, sans qu'elles s'appliquent spécifiquement aux politiques fiscales (Irlande). En Espagne, un guide a été créé pour l'élaboration des rapports d'impact sur l'égalité des sexes liés au budget général, assorti de conseils pratiques de mise en œuvre (Instituto de la Mujer, 2007[42]). Le rapport d'impact accompagne les budgets de l'État depuis 2008. Depuis 2021, l'élaboration de ce rapport repose sur la méthode des 3R : Réalité, Représentation et Ressources.

Tableau 3.3. Existe-t-il des consignes sur la procédure à suivre pour prendre en considération les biais implicites résultant de la conception de la politique fiscale et/ou en établir l'existence éventuelle ?

Réponse	Nombre	Proportion	Pays
Oui	5	11.6 %	Autriche ; Espagne ; Nouvelle-Zélande ; Saint-Marin ; Suède
Non	31	72.1 %	Afrique du Sud ; Argentine ; Belgique ; Brésil ; Canada ; Costa Rica ; Croatie ; Estonie ; Finlande ; France ; Hongrie ; Islande ; Indonésie ; Irlande ; Israël ; Italie ; Kenya ; Lettonie ; Luxembourg ; Mexique ; Monténégro ; Norvège ; Pays-Bas ; Pérou ; Portugal ; Roumanie ; Royaume-Uni ; Slovénie ; Suisse ; Tunisie ; Ukraine

Note : sept pays (16.3 %) n'ont pas répondu à cette question.
Source : Questionnaire de l'OCDE sur l'état des lieux en matière de fiscalité et d'égalité femmes-hommes, 2021

Seize des pays étudiés sur 43 (37 %) indiquent avoir entrepris une analyse pour recenser et/ou examiner les biais implicites que comporte leur système fiscal[5]. Cette analyse résultait soit d'une décision ministérielle (6 sur 16), soit d'une obligation légale (4 sur 16), soit encore d'une demande d'un service (3 sur 16). En Italie, l'analyse a été menée à la demande du Parlement et faisait également suite à des travaux de recherche internes. En Irlande, elle a été entreprise à l'initiative d'un organisme de recherche externe, de même qu'en Uruguay, où elle a été lancée par l'Université de la République. En Belgique, au Canada, en Irlande et en Italie, la demande émanait de différentes parties prenantes.

Les travaux de recherche sur les biais implicites dans le système fiscal tendent à se concentrer sur le système de l'impôt sur le revenu des personnes physiques, en raison soit du système d'imposition au niveau de la famille, soit de l'existence (ou l'absence) de crédits d'impôt ou d'allègements partagés. Par exemple, en France, l'analyse du risque de biais implicites faisait suite à une demande du Parlement et a abouti en 2014 au rapport sur « La question des femmes et du système fiscal » (Assemblée nationale, 2014[43]), qui s'est intéressé au traitement fiscal actuel des couples, et notamment aux effets de l'imposition commune et du quotient familial, aux évolutions intervenues dans la composition de la famille, à la possibilité d'individualiser l'impôt, et aux incidences potentielles sur l'emploi des femmes, la promotion de l'équité fiscale et l'autonomisation des femmes. De plus, en application d'une circulaire administrative du Premier ministre du 23 août 2012, les études d'impact qui accompagnent les projets de loi doivent inclure une analyse de l'impact des mesures proposées sur l'égalité des sexes. En Argentine, les dispositions relatives au crédit personnel d'impôt et aux allègements fiscaux (par ex. pour garde d'enfants) ont été identifiées comme posant un risque de biais fiscaux implicites. Autre risque de biais implicite relevé dans ce pays : l'exemption accordée pour les revenus financiers, qui ne corrige pas la surreprésentation des hommes dans ce secteur. Les États-Unis ne procèdent pas à une évaluation systématique, mais si une politique spécifique est susceptible de créer ou d'aggraver des disparités, ses répercussions sur l'égalité entre les sexes sont prises en considération pendant la phase d'élaboration de la politique.

Quelques pays ont identifié des systèmes de TVA qui pouvaient constituer une source potentielle de biais, notamment ceux dans lesquels la TVA est une composante importante de la structure fiscale. L'Arabie saoudite fait observer que la TVA et le traitement fiscal des microentreprises pourraient induire des risques similaires, étant donné que de plus en plus de femmes possèdent leur propre microentreprise. L'Espagne a également identifié la TVA comme posant un risque de biais implicites, ainsi que l'IRPP au regard de l'imposition au niveau du foyer, de la progressivité et des seconds apporteurs de revenus.

Parmi les 16 pays qui ont mené des analyses pour recenser et/ou évaluer les biais implicites de leur système fiscal, des universités ou d'autres institutions académiques ont pris part à l'analyse dans près de la moitié d'entre eux (Australie, Autriche, Finlande, Irlande, Italie, Pays-Bas et Uruguay). Dans plus de la moitié de ces 16 pays, c'est le ministère des Finances qui a produit l'analyse (Argentine, Autriche, Belgique, Canada, Espagne, États-Unis, Islande, Italie et Royaume-Uni). En Autriche et en Italie, d'autres ministères y participent également tandis qu'en Australie et en Suède, c'est l'administration fiscale qui s'en est chargée. En France, l'analyse a été effectuée par le Parlement dans le cadre d'une enquête parlementaire. Aux États-Unis, des universitaires et des analystes des politiques ont également mené des travaux de recherche dans ces domaines. L'Encadré 3.1 présente une typologie des sources de biais implicites relevés par les 22 pays qui ont identifié l'existence possible de biais dans leur système fiscal.

En conclusion, dans les pays étudiés, l'analyse des biais implicites en matière d'égalité des sexes n'est pas généralisée. Les analyses dans ce domaine semblent relativement rares, et la plupart des pays qui n'en ont pas encore mené ne prévoient pas de le faire dans un futur proche, malgré l'intérêt qu'elles présentent pour sensibiliser aux biais sexistes implicites. Pour ces analyses, le soutien d'universités et d'institutions académiques peut se révéler utile étant donné qu'elles jouent déjà un rôle important dans de nombreux pays ; la législation a également un rôle à jouer pour ce qui est de requérir la réalisation de ces analyses ou leur prise en compte dans la conception des politiques.

Graphique 3.3. Des travaux d'analyse ont-ils été engagés dans votre pays en vue de recenser et/ou d'étudier tout biais implicite existant dans le système fiscal ?

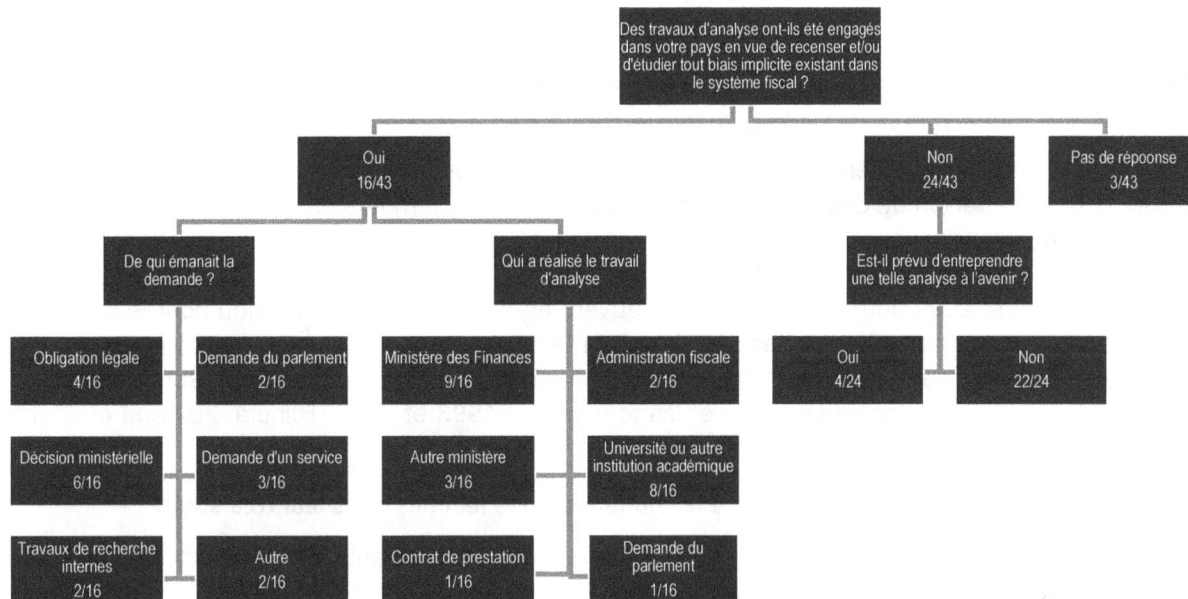

Source : Questionnaire de l'OCDE sur l'état des lieux en matière de fiscalité et d'égalité femmes-hommes, 2021

Encadré 3.1. Typologie des biais implicites identifiés par les pays étudiés

Parmi les pays étudiés, 23 sur 43 (53 %) ont identifié des biais implicites potentiels dans leur système fiscal. Cet encadré regroupe ces biais implicites afin d'en établir une typologie non exhaustive.

Biais implicites liés à des différences de niveaux de revenus entre les hommes et les femmes

En moyenne, les hommes ont des revenus plus élevés que les femmes. Partant, un système d'IRPP qui soumet les personnes à faibles revenus à une charge élevée ou qui n'est pas suffisamment progressif comporte un risque de biais en faveur des hommes (relevé par l'Argentine, la Belgique, la Finlande, l'Irlande, l'Italie, le Kenya et la Norvège). De la même manière, si la TVA crée une charge relative plus importante pour les personnes à faibles revenus, il existe un risque de biais au détriment des femmes (relevé par l'Argentine, l'Autriche et le Kenya). À l'inverse, les systèmes fiscaux très progressifs ainsi que les crédits d'impôt remboursables pour les personnes à faibles revenus contribuent à réduire les inégalités entre les sexes (par ex. aux États-Unis).

Biais implicites liés à des différences de nature entre les revenus des femmes et des hommes

En moyenne, les hommes perçoivent davantage de revenus du capital que les femmes, de sorte qu'un traitement fiscal préférentiel dans ce domaine induit un risque de biais en faveur des hommes (relevé par l'Argentine, l'Autriche, la Finlande, la Norvège, la Suède et le Royaume-Uni).

Biais implicites liés à un système d'imposition basé sur le foyer fiscal

L'imposition basée sur le foyer plutôt que sur l'individu peut créer des biais implicites. Le système de déclaration commune des revenus fait peser une charge élevée sur le second apporteur du foyer, qui est le plus souvent une femme. Ce biais à l'encontre du second apporteur persiste même lorsque la déclaration commune est facultative (relevé par la Belgique, l'Espagne, les États-Unis, l'Irlande, l'Islande, l'Italie, le Kenya et le Luxembourg et). La Belgique, le Canada, l'Islande, les Pays-Bas et la Tunisie indiquent que même en cas de déclaration individuelle, les crédits d'impôts et les allègements fiscaux sont souvent conçus au niveau du foyer. Les foyers procèdent à des optimisations en décidant de la personne qui bénéficiera de l'allègement fiscal afin de payer moins d'impôt. Or, ces allègements sont souvent plus avantageux s'ils sont appliqués au revenu le plus élevé du foyer, ce qui peut être préjudiciable pour les femmes, qui gagnent en moyenne moins que les hommes (Pays-Bas).

Biais implicites liés à des différences de consommation entre les hommes et les femmes

Les produits essentiels comme l'alimentation, les médicaments et les services éducatifs bénéficient souvent d'un traitement préférentiel au regard de la TVA ou des droits d'accises, ce qui peut créer un risque de biais en raison de différences entre les hommes et les femmes en ce qui concerne leur profil de consommation (relevé par le Brésil et le Mexique). Toutefois, les schémas de consommation individuels ne sont pas nécessairement représentatifs de l'impact des taxes sur la consommation sur un sexe ou l'autre, étant donné que les biens peuvent être achetés par un individu pour le compte de la famille, et les effets des taxes sur les décisions intrafamiliales liées à la consommation et aux revenus n'ont pas été clairement évalués (ainsi que le constatait une étude finlandaise sur les effets de modifications des taxes sur les hommes et les femmes en 1993 et 2012 (Riihelä, 2015[44]) et (Centre de recherches pour le développement international, 2010[45])).

Biais implicites liés à des différences entre les hommes et les femmes dans leur rôle social

Les femmes tendent à assumer davantage la responsabilité des enfants que les hommes, ce qui fait qu'en pratique, certaines dispositions fiscales sont plus avantageuses pour les femmes. Par exemple, au Mexique, certaines exonérations de l'IRPP (pension alimentaire, revenus perçus pour financer les frais de garde d'enfants dans des structures d'accueil, et prestations de sécurité sociale liées à la maternité) profitent davantage aux femmes qu'aux hommes.

Source : Étude sur la fiscalité et l'égalité femmes-hommes, OCDE 2021.

3.4. Élaboration des politiques et budgétisation sexospécifique

Il n'est possible d'appréhender et d'améliorer l'égalité fiscale entre les femmes et les hommes que si, au stade de la conception des mesures fiscales, une place centrale est accordée à l'évaluation de leur incidence selon le sexe, notamment par un processus de « budgétisation sexospécifique ». Cette section envisage si et comment l'incidence sexospécifique de la fiscalité est intégrée à la politique fiscale des pays répondants, notamment lors de l'élaboration et de la mise en œuvre de nouvelles mesures ou dépenses fiscales, ou lors de modifications du taux ou de l'assiette de l'impôt, des crédits et réductions d'impôt ou d'autres dépenses fiscales.

3.4.1. Mise en œuvre effective d'une budgétisation sexospécifique dans l'élaboration des politiques fiscales

Seize des 43 pays participants (37 %) déclarent soumettre à une évaluation ex ante des incidences sexospécifiques les principales propositions de politiques et programmes fiscaux intégrées à l'examen du budget ou à d'autres processus législatifs. Dans six d'entre eux (Argentine, Autriche, Finlande, Indonésie, Italie et Suède), des circulaires ou d'autres directives émanant du ministère des Finances ou du bureau du Budget fournissent des orientations spécifiques pour cette évaluation.

Près de 50 % des répondants disent se servir de statistiques et de données ventilées par sexe lorsqu'elles sont disponibles dans des politiques et programmes clés pour éclairer les décisions de politique fiscale. Cependant, 29 des 43 pays indiquent que leur gouvernement ne fournit pas un exposé clair des objectifs sexospécifiques relatifs à la politique fiscale (c'est-à-dire un texte de présentation du budget ou une loi budgétaire sexospécifique). À cet égard, en France, des travaux sont en cours entre la Direction générale du Trésor et la Direction générale de la Cohésion sociale, et quatre ministères (Agriculture et alimentation, Culture, Cohésion territoriale, Solidarités et santé) pour mettre au point un document de politique transversale sur les mesures en faveur de l'égalité des sexes. Ces travaux se concentrent sur trois domaines: i) l'analyse différenciée de l'impact des dépenses budgétaires sur les femmes et sur les hommes, ii) l'élaboration d'indicateurs de performance en matière d'égalité femmes-hommes (lorsque cela est pertinent et que les données sont disponibles) et leur intégration dans un modèle de performance budgétaire, et iii) la conduite d'actions de sensibilisation et de formation à la reconnaissance de l'axe égalité dans les dépenses. Une expérimentation menée en 2019 a confirmé l'objectif de mettre en œuvre un processus d'évaluation budgétaire *a priori* et *a posteriori* – le « Budget intégrant l'égalité » (BIE), qui vise l'intégration du critère d'égalité femmes-hommes dans les décisions budgétaires et dans le compte rendu de la performance des dépenses.

Dix-neuf des 43 pays étudiés (soit 44 %) pratiquent une forme de budgétisation sexospécifique, mais seuls cinq d'entre eux mentionnent l'existence d'une exigence spécifique de prise en considération de l'égalité femmes-hommes dans l'analyse des politiques fiscales (Tableau 3.4). En Espagne, les services ministériels transmettent au secrétariat d'État aux Budgets et aux dépenses une analyse de l'incidence sexospécifique de leurs programmes de dépenses. Sur la base de cette analyse, le secrétariat d'État établit le rapport d'impact sexospécifique du projet de loi de finances (*Informe de impacto de género del Proyecto de Ley de Presupuestos Generales del Estado* – voir le paragraphe 46 ci-dessus). Certains pays n'ont pas d'obligation particulière de budgétisation sexospécifique, mais n'en procèdent pas moins, par d'autres moyens, à une évaluation des implications pour l'égalité femmes-hommes de toutes les mesures de politique publique, y compris les modifications de la politique fiscale. En Australie, par exemple, l'État ne fournit pas d'énoncé spécifique concernant la politique fiscale, mais, dans le cadre du budget 2021-2022, le gouvernement a publié en mai 2021 une « déclaration budgétaire des femmes » (*Women's Budget Statement*) (Gouvernement de l'Australie, 2021[46]). Ce document comprend un récapitulatif des conséquences de la pandémie de COVID-19 pour les femmes, ainsi qu'un aperçu de la situation et de son évolution récente, suivis d'un exposé de la politique gouvernementale existante, des objectifs, des nouvelles initiatives et des programmes de dépenses pour quatre thématiques clés intéressant les femmes : sécurité dans différents contextes, situation économique, santé et bien-être. Le Luxembourg note que chaque projet de loi ou de règlement doit être accompagné d'une évaluation des incidences, dont une rubrique doit obligatoirement confirmer la neutralité de la mesure pour les contribuables quel que soit leur sexe.

Tableau 3.4. Votre pays pratique-t-il une forme quelconque de budgétisation sexospécifique ?

Réponse	Nombre	Part	Pays
Oui	19	44.2 %	Afrique du Sud ; Allemagne ; **Argentine** ; **Autriche** ; Belgique ; **Canada** ; Espagne ; Finlande ; France ; Indonésie ; Irlande ; **Islande** ; Italie ; Kenya ; Mexique ; Monténégro ; Pérou ; **Suède** ; Ukraine
Non	22	51.1 %	Arabie saoudite ; Australie ; Brésil ; Costa Rica ; Croatie ; Estonie ; États-Unis ; Grèce ; Hongrie ; Israël ; Lettonie ; Luxembourg ; Norvège ; Nouvelle-Zélande ; Pays-Bas ; Portugal ; Roumanie ; Royaume-Uni ; Saint-Marin ; Slovénie ; Suisse ; Tunisie.

Note : en gras, les pays dont le processus de budgétisation sexospécifique comprend des obligations particulières en matière de politique fiscale.

Deux pays (4.7 %) n'ont pas donné de réponse.

Source : Questionnaire de l'OCDE sur l'état des lieux en matière de fiscalité et d'égalité femmes-hommes 2021.

Graphique 3.4. Usage et base juridique ou autre source formelle de la budgétisation sexospécifique appliquée à la politique fiscale

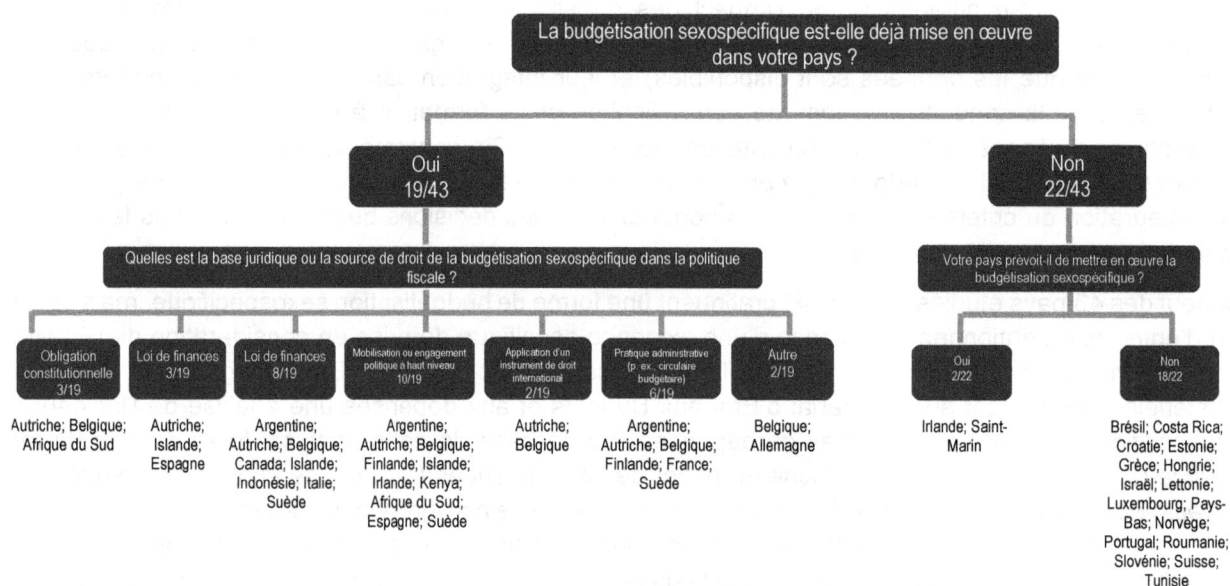

Source : Questionnaire de l'OCDE sur l'état des lieux en matière de fiscalité et d'égalité femmes-hommes 2021.

Parmi les pays qui ont fourni une réponse quant à la base juridique de la budgétisation sexospécifique appliquée aux modifications de la politique fiscale, trois (l'Autriche, la Belgique et l'Afrique du Sud) précisent que cette base découle d'une obligation constitutionnelle. Pour l'Autriche, par exemple, elle procède du principe d'égalité des droits des femmes et des hommes contenu dans la Constitution fédérale. L'État est ainsi fondé à appuyer la réalisation de cette égalité et les efforts en vue de l'élimination des désavantages existants. La Belgique obéit à une exigence constitutionnelle introduite en 2002 avec l'article 10 affirmant pour la première fois explicitement le principe d'égalité entre hommes et femmes, point d'orgue d'une série de mesures juridiques ayant renforcé l'égalité des sexes depuis les années 1980 (Parlement européen, 2015[47]). En Afrique du Sud, une commission d'enquête a été créée en 1996 pour veiller à ce que le système fiscal favorise la réduction des inégalités et ne contienne aucun biais inhérent à l'encontre d'un groupe spécifique. Certains pays considèrent que, si leur Constitution n'établit pas à proprement parler une base juridique pour la budgétisation sexospécifique de la politique fiscale, elle contribue à garantir l'égalité entre hommes et femmes. Par exemple, le Kenya a une Constitution qui garantit à « toute personne » un certain nombre de droits et pose les principes d'égalité devant la loi et de non-discrimination, notamment fondée sur le sexe.

Dans huit autres pays (Argentine, Autriche, Belgique, Canada, Espagne, Islande, Italie et Suède), la loi de finances ou d'autres cadres juridiques renferment la base sur laquelle se fonde le processus de budgétisation sexospécifique. Par exemple :

- En Autriche, depuis 2013, la prise en considération des distorsions sexospécifiques est inscrite dans la loi de finances, qui garantit l'intégration des objectifs d'égalité dans les mesures de politique fiscale. Désormais, la budgétisation sexospécifique doit être mise en pratique au niveau fédéral et l'égalité de fait entre les femmes et les hommes doit être un critère à tous les stades de l'action administrative, de la formulation des objectifs à leur mise en œuvre et à leur évaluation.

- En Belgique, la loi de 2013 sur la simplification administrative a consolidé et étoffé le champ de l'analyse d'impact de la réglementation (AIR) qui doit être effectuée préalablement à toute soumission de projet de réglementation au Conseil des ministres ; l'égalité des femmes et des hommes est l'un des 21 thèmes couverts par le questionnaire « Analyse d'impact intégrée » que doivent remplir les auteurs de projets (Gouvernement de la Belgique, 2013[48]).

- Le Parlement canadien a adopté en décembre 2018 la « Loi sur la budgétisation sensible aux sexes » afin de reconnaître que le gouvernement s'engage à l'égard d'un processus de prise de décisions qui tient compte des incidences des différentes politiques sur tous les Canadiens dans un contexte budgétaire. Les priorités stratégiques ciblées par la budgétisation sexospécifique vont de la réduction de l'écart salarial entre les femmes et les hommes à la promotion de rôles parentaux plus égaux et sont liées à un ensemble d'indicateurs servant au suivi des résultats et des progrès en direction des objectifs nationaux en matière d'égalité des sexes et de diversité.

- En Allemagne, l'intégration de la dimension sexospécifique est une obligation fondamentale aux termes du Règlement commun des ministères fédéraux (Gemeinsame Geschäftsordnung der Bundesministerien-GGO), qui dispose que « l'égalité entre les femmes et les hommes est un principe directeur constant qui doit être promu par toutes les mesures normatives et administratives des ministères fédéraux dans leurs domaines respectifs (Gender-Mainstreaming) » (Gouvernement de l'Allemagne, 2020[49]).

- En Islande, l'intégration de la dimension sexospécifique dans l'élaboration des politiques est requise par la loi sur l'égalité de statut et l'égalité de droits des femmes et des hommes, couramment appelée « loi sur l'égalité des sexes » (Gender Equality Act) (Gouvernement de l'Islande, 2021[50]). L'objectif de cette loi est de prévenir la discrimination fondée sur le sexe et de maintenir l'égalité de statut et l'égalité des chances pour les femmes et les hommes, et de promouvoir ainsi l'égalité entre les sexes dans toutes les sphères de la société.

- En Suède, l'intégration de la dimension sexospécifique dans le processus budgétaire est assurée par un « outil » spécial, qui fait l'objet de l'encadré ci-dessous.

Encadré 3.2. BUDGe, l'outil de budgétisation sexospécifique de la Suède

BUDGe est le nom donné à l'outil analytique mis en œuvre par la Suède pour intégrer l'égalité des sexes dans le processus d'élaboration du budget. BUDGe a pour but d'aider les responsables de l'action publique à déterminer la pertinence d'une perspective sexospécifique dans les propositions budgétaires, à mener une analyse sexospécifique le cas échéant et à rendre compte des incidences sexospécifiques des propositions.

L'élaboration de cet outil s'est faite dans un cadre large fournissant des méthodes et des modèles pour la prise en compte systématique de la problématique hommes-femmes à l'échelle de l'ensemble de l'administration. BUDGe est appliqué par les services de l'administration et du gouvernement, les organismes publics, les collectivités locales et d'autres organisations. Il se déploie en cinq étapes, que résume l'organigramme ci-dessous.

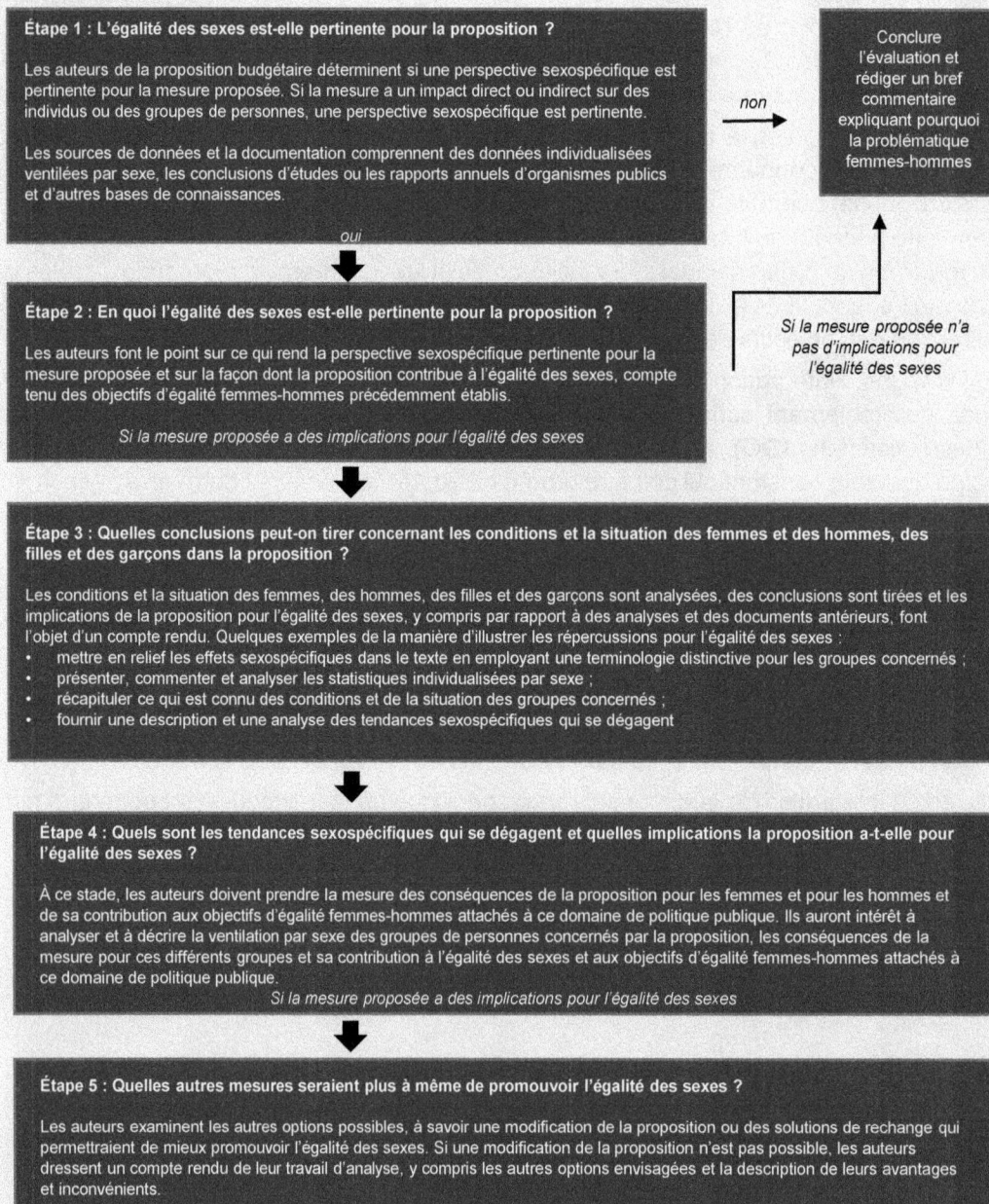

Source: https://government.se/information-material/2021/12/budge-for-gender--equality/.

L'Autriche et la Belgique indiquent également que l'application des instruments du droit international constitue une base juridique ou une source formelle pour la budgétisation sexospécifique dans les modifications de la politique fiscale.

Le Graphique 3.5 montre les différents outils et méthodes utilisés par le processus de budgétisation sexospécifique dans les 19 pays qui le pratiquent.

Graphique 3.5. Outils ou méthodes employés pour la budgétisation sexospécifique s'appliquant aux propositions de politique fiscale

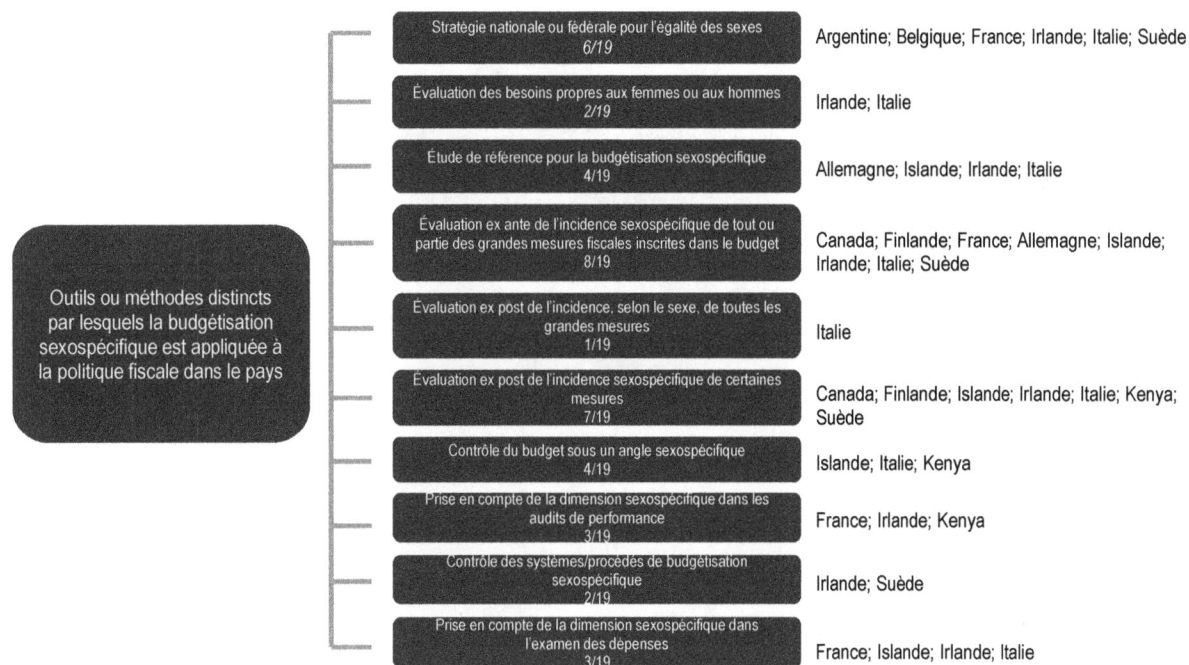

Source : Questionnaire de l'OCDE sur l'état des lieux en matière de fiscalité et d'égalité femmes-hommes 2021.

Mise en place prévue d'une budgétisation sexospécifique dans le domaine de la politique fiscale

Deux des 22 pays qui ne pratiquent pas encore la budgétisation sexospécifique (Irlande et Saint-Marin) font état de projets officiels en cours pour imposer cette approche dans l'élaboration des politiques fiscales. L'Irlande, suivant les recommandations de l'OCDE pour son programme *Equality Budgeting* (OCDE, 2019[51]), étudie la meilleure façon de mettre en place un programme parallèle pour la budgétisation sexospécifique dans le domaine fiscal (Gouvernement de l'Irlande, 2021[52]). À Saint-Marin, l'effet des mesures fiscales sur l'égalité des sexes est évalué lorsque le texte législatif est initialement transmis à l'autorité nationale chargée de l'égalité des chances, une mission normalement déléguée au ministère de la Santé. Le pays envisage sérieusement d'instaurer la budgétisation sexospécifique dans un avenir proche.

Aux États-Unis, l'actuel gouvernement a créé un groupe de travail inter-administrations chargé d'élargir et d'affiner les ensembles de données de l'État fédéral, y compris ceux provenant des déclarations fiscales, dans le but de mesurer et de promouvoir l'équité, notamment entre les sexes.

Graphique 3.6. Vue d'ensemble de la situation de la budgétisation sexospécifique dans les politiques publiques

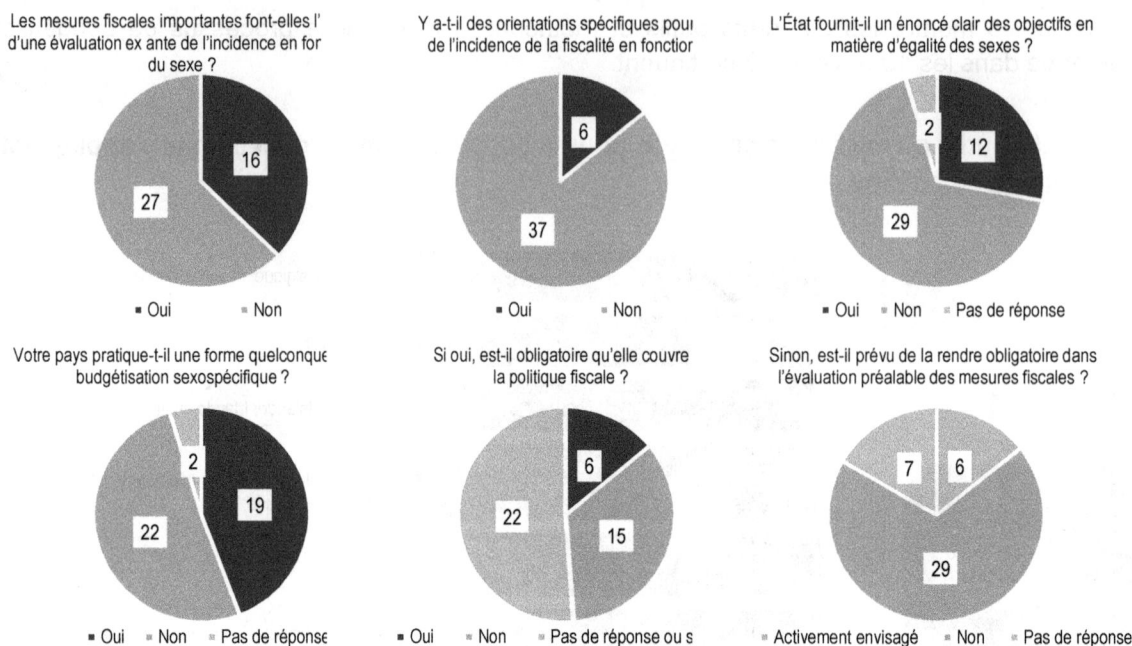

Les mesures fiscales importantes font-elles l'[...] d'une évaluation ex ante de l'incidence en for[...] du sexe ?

Y a-t-il des orientations spécifiques pou[...] de l'incidence de la fiscalité en fonctio[...]

L'État fournit-il un énoncé clair des objectifs en matière d'égalité des sexes ?

Votre pays pratique-t-il une forme quelconque[...] budgétisation sexospécifique ?

Si oui, est-il obligatoire qu'elle couvre[...] la politique fiscale ?

Sinon, est-il prévu de la rendre obligatoire dans l'évaluation préalable des mesures fiscales ?

Source : Questionnaire de l'OCDE sur l'état des lieux en matière de fiscalité et d'égalité femmes-hommes 2021.

StatLink 🔗 https://stat.link/t62zq9

3.5. Administration de l'impôt et discipline fiscale

La discipline fiscale et l'administration de l'impôt peuvent être analysées dans une perspective sexospécifique. Comprendre les schémas de respect des obligations fiscales par les hommes et par les femmes au travers de la collecte de données, ou réfléchir aux implications sexospécifiques des processus d'administration de l'impôt en vue d'adapter certains d'entre eux peut être utile pour améliorer le système fiscal à la lumière de l'objectif d'égalité des sexes et pour corriger certains des biais observés. Cette section décrit les pratiques des pays en matière de discipline fiscale et d'administration de l'impôt, et établit un lien avec d'autres études et initiatives existantes.

3.5.1. Aperçu des pratiques des pays en matière de discipline et d'administration fiscales

Analyse des implications sexospécifiques de l'administration fiscale ou de la discipline fiscale

La grande majorité des répondants (34 sur 43, soit 79 %) indiquent n'avoir encore jamais analysé les implications de l'administration de l'impôt ou du respect des obligations fiscales pour la situation respective des femmes et des hommes.

Tableau 3.5. Votre pays a-t-il déjà analysé d'une façon ou d'une autre les implications de l'administration de l'impôt ou de la discipline fiscale pour la situation respective des femmes et des hommes ?

Réponse	Nombre	Part	Pays
Oui	3	6.9 %	Indonésie ; Nouvelle-Zélande ; Suède.
Non	34	79.1 %	Afrique du Sud ; Allemagne ; Arabie saoudite ; Argentine ; Belgique ; Brésil ; Canada ; Costa Rica ; Croatie ; Espagne ; États-Unis ; Finlande ; France ; Grèce ; Hongrie ; Irlande ; Islande ; Israël ; Italie ; Kenya ; Lettonie ; Luxembourg ; Mexique ; Norvège ; Nouvelle-Zélande ; Pays-Bas ; Pérou ; Portugal ; Roumanie ; Royaume-Uni ; Saint-Marin ; Slovénie ; Suède ; Suisse ; Tunisie ; Uruguay

Note : six pays (13.9 %) n'ont pas donné de réponse.
Source : Questionnaire de l'OCDE sur l'état des lieux en matière de fiscalité et d'égalité femmes-hommes 2021.

Seuls trois pays (7 % des répondants) font état d'une expérience d'analyse des implications de l'administration des impôts ou de la discipline fiscale pour les femmes et pour les hommes ; il s'agit de l'Indonésie, de la Nouvelle-Zélande et de la Suède.

- En 2006, l'agence fiscale suédoise a étudié la relation entre la fiscalité et les objectifs de la politique d'égalité des sexes. Dans son rapport publié en 2007 (Swedish Tax Agency, 2007[53]), elle décrit des mesures de politique publique qui ont des incidences sur l'égalité des sexes, notamment l'imposition conjointe des couples (la Suède a instauré l'imposition séparée, à laquelle on attribue un effet d'égalisation des revenus), l'allégement fiscal pour les services domestiques (80 % de ses bénéficiaires étaient des hommes), ou encore la déduction du salaire brut en échange d'un avantage non imposable (dont profitent surtout les contribuables aux revenus élevés, qui sont généralement des hommes). En ce qui concerne la discipline fiscale, le rapport montre que, les hommes exerçant plus souvent une activité commerciale, ils déduisent des montants plus importants de leurs revenus du travail et déclarent des plus-values plus élevées que les femmes ; en contrepartie, ils sont davantage sujets à l'erreur déclarative et, partant, plus susceptibles de faire l'objet de contrôles fiscaux, de redressements et de sanctions. Le rapport conclut que les mesures les plus efficaces consistent à simplifier les règles fiscales et à imposer une analyse sexospécifique de leurs implications.

- Une étude menée par l'université de Wellington en Nouvelle-Zélande (González Cabral, Gemmell and Alinaghi, 2019[54]) a examiné les schémas d'indiscipline fiscale et de sous-déclaration parmi les travailleurs indépendants en fonction du sexe, d'où il ressort, par exemple, que les hommes sont plus enclins que les femmes à sous-déclarer leurs revenus ainsi que leurs dépenses.

Collecte de données sur la discipline fiscale ventilées par sexe

La majorité des pays interrogés (22 sur 43, soit 51 %) disent ne pas collecter de données ventilées par sexe sur le respect des obligations fiscales. Huit répondants (19 %) ne sont pas en mesure de dire si leur pays collecte de telles données. Seuls sept pays (16 %) – l'Argentine, le Canada, les États-Unis, la France, le Mexique, Saint-Marin et la Suède – ont répondu par l'affirmative.

Graphique 3.7. Votre pays recueille-t-il des données ventilées par sexe sur la discipline fiscale ?

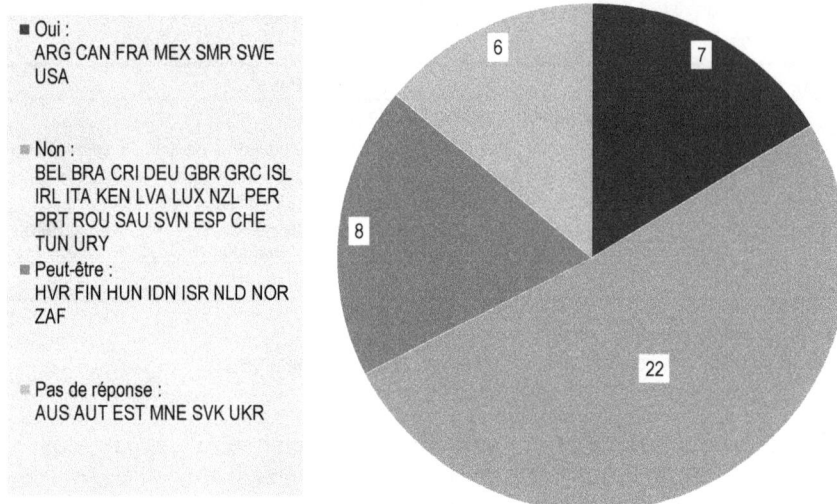

- Oui :
ARG CAN FRA MEX SMR SWE USA

- Non :
BEL BRA CRI DEU GBR GRC ISL IRL ITA KEN LVA LUX NZL PER PRT ROU SAU SVN ESP CHE TUN URY

- Peut-être :
HVR FIN HUN IDN ISR NLD NOR ZAF

- Pas de réponse :
AUS AUT EST MNE SVK UKR

Source: Questionnaire d'état des lieux de l'OCDE : « Fiscalité et problématique femmes-hommes » 2021.

StatLink https://stat.link/4bqsic

- En 2020, la Suède a publié un rapport sur l'erreur de déclaration (Swedish Tax Agency, 2021[55]), complétant un rapport sur l'ampleur et l'évolution du manque à gagner fiscal ; il rassemble des données sexospécifiques sur l'erreur déclarative par type d'impôt issues de la base de statistiques des déclarations de revenus de l'Agence suédoise des impôts. Ce rapport montre par exemple que, entre 2018 et 2020, les déductions erronées appliquées aux revenus professionnels dans les déclarations ont occasionné un manque à gagner fiscal estimé à 2.9 milliards SEK, dû, pour près des deux tiers, aux hommes.

- Le Canada recueille également des données sur le nombre de déclarations par date limite de dépôt et par sexe, ainsi que sur les pénalités pour dépôt tardif ou hors délai ventilées en fonction du sexe du déclarant. Concernant ce dernier indicateur, les pénalités totales et moyennes acquittées par les hommes en 2017 étaient nettement supérieures à celles payées par les femmes, qui, pourtant, étaient plus nombreuses parmi les déposants.

- Au Mexique, on utilise des données ventilées par sexe pour analyser l'incidence de la structure fiscale sur les femmes et les hommes respectivement.

- Aux États-Unis, des données sur le sexe d'une part et sur le respect des obligations fiscales d'autre part sont disponibles, mais la discipline fiscale en fonction du sexe du contribuable n'est pas évaluée, quoiqu'elle puisse servir de variable de contrôle dans des analyses de régression.

Ajustement des processus d'administration de l'impôt aux besoins de l'un ou l'autre sexe

À la question leur demandant s'ils avaient déjà modifié les processus de l'administration des impôts pour tenir compte des besoins spécifiques de l'un ou l'autre sexe, la grande majorité des participants (33 sur 43, soit 77 %) ont répondu par la négative. Quatre pays seulement (9 %) ont répondu par l'affirmative : l'Argentine, la France, l'Indonésie et Israël. En Argentine, l'Administration fédérale des recettes publiques (*Administración Federal de Ingresos Públicos* – AFIP) a lancé le « Protocole pour l'amélioration de l'attention globale portée aux citoyens selon une approche inclusive, fédérale et sexospécifique », une initiative qui promeut plusieurs canaux pour réaliser l'inclusion de segments vulnérables de la population et offre un nouvel outil intégrant les dimensions d'égalité des sexes et de diversité culturelle. La France précise que, depuis l'entrée en vigueur du prélèvement à la source de l'impôt sur le revenu (IR) en 2019, il est possible pour un couple marié ou Pacsé d'opter pour un taux individualisé plutôt que pour le taux foyer. Cette option peut s'avérer adaptée lorsqu'il existe une différence importante de revenus au sein du couple.

Tableau 3.6. Votre pays a-t-il revu les procédures de l'administration fiscale de façon à répondre aux besoins des personnes de l'un ou l'autre sexe ?

Réponse	Nombre	Part	Pays
Oui	4	9.3 %	Argentine ; France ; Indonésie ; Israël.
Non	33	76.7 %	Afrique du Sud ; Allemagne ; Arabie saoudite ; Belgique ; Brésil ; Canada ; Costa Rica ; Croatie ; Espagne ; États-Unis ; Finlande ; Grèce ; Hongrie ; Irlande ; Islande ; Italie ; Kenya ; Lettonie ; Luxembourg ; Mexique ; Norvège ; Nouvelle-Zélande ; Pays-Bas ; Pérou ; Portugal ; Roumanie ; Royaume-Uni ; Saint-Marin ; Slovénie ; Suède ; Suisse ; Tunisie ; Uruguay.

Note : six pays (13.9 %) n'ont pas donné de réponse.
Source : Questionnaire de l'OCDE sur l'état des lieux en matière de fiscalité et d'égalité femmes-hommes 2021.

Campagnes de sensibilisation des contribuables sur des sujets relevant de l'égalité femmes-hommes

La grande majorité des répondants (32 sur 43, soit 74 %) déclarent ne pas avoir, à ce jour, mis en œuvre ni même conçu de campagnes d'éducation ou de sensibilisation des contribuables visant l'égalité femmes-hommes. Dans beaucoup de cas, comme en Tunisie, cela s'explique peut-être par le fait que les campagnes de sensibilisation tendent à s'adresser aux contribuables individuels de manière plus générale, sans cibler spécifiquement les hommes ou les femmes.

Cinq pays (12 %) ont répondu par l'affirmative, même si la plupart de ces campagnes sont neutres en soi, mais portent sur un service ou un programme qui est principalement utilisé par l'un ou l'autre sexe (Argentine, Canada, États-Unis, Indonésie et Nouvelle-Zélande). Par exemple, le Canada a mis en place le Programme communautaire des bénévoles en matière d'impôt (PCBMI), qui vise à aider les Canadiens dans le besoin à remplir et à envoyer leurs déclarations de revenus et qui, certes, ne s'adresse pas aux femmes en particulier, mais est utilisé par des femmes en situation difficile. La Nouvelle-Zélande a organisé une campagne pour faire connaître « Best Start », un crédit d'impôt octroyé au parent qui s'occupe le plus du nouveau-né – et qui est, dans la plupart des cas, une femme (Gouvernement de la Nouvelle-Zélande, 2021[56]).

Graphique 3.8. Votre pays a-t-il conçu des campagnes d'information ou de sensibilisation ciblant spécifiquement les contribuables de l'un ou l'autre sexe ?

Nombre de pays

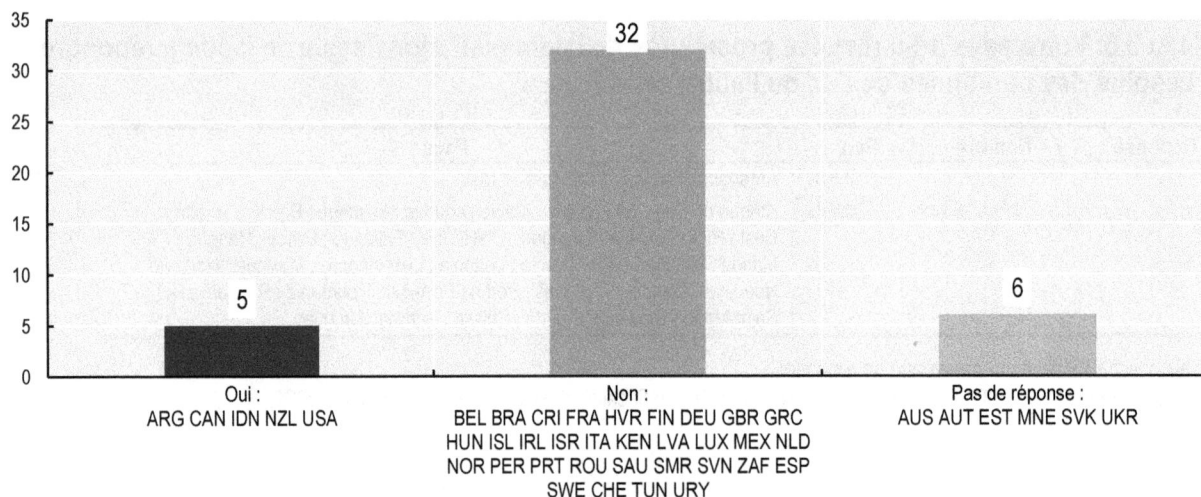

Source : Questionnaire de l'OCDE sur l'état des lieux en matière de fiscalité et d'égalité femmes-hommes 2021.

StatLink ᵍᵐˢᴸ https://stat.link/a9pzgn

3.5.2. Observations générales sur l'équité entre les sexes en matière de discipline et d'administration fiscales

Une tendance claire s'observe parmi les répondants : dans leur écrasante majorité, ils n'ont ni entrepris d'analyser les conséquences de l'administration et de la discipline fiscales sur la situation respective des femmes et des hommes, ni apporté des modifications aux processus d'administration de l'impôt pour tenir compte des besoins spécifiques de l'un ou l'autre sexe, ni lancé de campagnes de sensibilisation ciblant spécifiquement les contribuables de l'un ou l'autre sexe. Toutefois, les quelques pays qui ont mis en œuvre de telles initiatives et l'ont noté dans le questionnaire ont livré des renseignements intéressants sur leurs résultats et analyses.

Les réponses fournies par les pays pourraient refléter le manque de données ventilées par sexe sur la discipline et l'administration fiscales, ce qui semble être confirmé par une grande majorité des répondants, 70 % d'entre eux indiquant que leur pays ne collecte pas de telles données ou qu'ils ne savent pas s'il le fait, ce qui signifie, à tout le moins, qu'ils n'y ont pas accès actuellement. Comme pour d'autres aspects des travaux sur la fiscalité sexospécifique, l'absence de telles données peut constituer un obstacle à une analyse plus approfondie. Les réponses pourraient également signifier que l'analyse de la discipline et de l'administration fiscales par sexe n'apparaît pas encore comme un domaine prioritaire pour de nombreux pays.

À l'avenir, on pourrait envisager une analyse plus approfondie des processus d'administration et de discipline fiscales et de leur incidence sexospécifique, s'appuyant sur d'autres sources de données, y compris externes, en complément des informations fournies par les pays. L'une de ces sources pourrait être les activités du « réseau en faveur de la parité » du Forum de l'OCDE sur l'administration fiscale (Encadré 3.3). D'autres pistes sont les études et les rapports qui tendent à conclure que, partout dans le monde, la discipline fiscale est davantage une vertu féminine (OCDE, 2019[57]), (D'Attoma, Malézieux and Volintiru, 2020[58]) et (Kangave, Waiswa and Sebaggala, 2021[59]).

Encadré 3.3. Le « réseau en faveur de la parité » du Forum sur l'administration fiscale

Le Forum sur l'administration fiscale (FAF) de l'OCDE rassemble les directeurs d'administrations fiscales de 53 économies avancées et émergentes sous la bannière d'un vaste programme de travail en vue d'accroître l'équité et l'efficacité de l'administration de l'impôt. Les membres du FAF reconnaissent la sous-représentation des femmes aux échelons de direction dans nombre de leurs pays, et le fait que les postes d'encadrement continuent d'être occupés majoritairement par des hommes (voir le graphique 9.9 dans (OCDE, 2021[60])).

C'est pourquoi ils ont créé, en 2019, le Gender Balance Network (GBN), ou « réseau en faveur de la parité », qui se veut un catalyseur du changement institutionnel indispensable pour renforcer la présence des femmes aux postes de direction des administrations fiscales, par des programmes de mentorat et de détachements, le partage et l'expérimentation de bonnes pratiques, et la production d'études et de rapports sur, par exemple, les initiatives de promotion de l'égalité professionnelle entre les femmes et les hommes (OCDE, 2020[61]) ou les conséquences sexospécifiques de la pandémie de COVID-19 (OCDE, 2020[62]).

Source : OCDE, Forum sur l'administration fiscale.

3.6. Données fiscales ventilées par sexe disponibles aux fins d'analyse

Les statistiques et informations ventilées par sexe sont essentielles à l'élaboration des politiques, car elles facilitent l'évaluation et la mise au point d'actions et de réactions appropriées, fondées sur des données empiriques. Pour que les États fassent de l'incidence sexospécifique de la fiscalité une dimension clé de leurs politiques fiscales, la disponibilité de micro-données de qualité ventilées par sexe est indispensable.

Les paragraphes ci-dessous présentent et analysent les réponses à l'enquête concernant la disponibilité de données ventilées par sexe et leur qualité. Les réponses composent un tableau contrasté de la disponibilité des données. Si la plupart des pays disposent d'un minimum de données ventilées, il semble que la collecte de données détaillées sur le patrimoine, la fortune et l'actif ainsi que de microdonnées sur les habitudes de consommation des femmes et des hommes soit un véritable défi pour beaucoup d'entre eux.

Vingt-cinq des 43 pays, (58 % des répondants) disposaient de statistiques ventilées, exploitables à des fins d'analyse des politiques publiques, pour une variété de prélèvements tels que l'impôt sur le revenu, les cotisations sociales, la TVA/TPS, les impôts sur le capital ou encore les impôts fonciers. En Espagne, l'administration fiscale dispose de données et de statistiques ventilées par sexe pour l'IR (Ministère des Finances (Espagne), n.d.[63]), l'impôt sur la fortune (Ministère des Finances (Espagne), n.d.[64]) (Agencia Tributaria, 2018[65]) et les cotisations sociales. Dans certains pays, comme la Croatie, des données ventilées par sexe sont disponibles dans le registre central des contribuables tenu par l'administration fiscale. Les bases de données de l'administration fiscale irlandaise comprennent un champ indiquant le sexe du contribuable, utilisé comme critère pour l'établissement de rapports ventilés sur les déclarations de revenus (Acheson and Collins, 2020[66]). En Australie, des données ventilées par sexe peuvent être extraites des déclarations de revenus de la personne, y compris des informations relatives aux caisses de retraite privées. De manière générale, il est impossible d'accéder aux données sur le sexe à partir des renseignements fournis au titre de l'impôt sur les sociétés (IS) et de la TVA/TPS, en raison de la difficulté de relier de grandes structures aux particuliers qui y ont un intérêt. Pour quelques pays, comme le Luxembourg, les données ventilées par sexe ne sont pas directement disponibles. Certains déclarent déduire cette information des titres tels que (« M. », « Mme »), une méthode qui a ses limites, car ces titres ne renvoient pas de façon directe et univoque à un sexe au sens de l'état civil.

Tableau 3.7. Les déclarations de revenus fournissent-elles des données ventilées par sexe exploitables à des fins d'analyse ?

Réponse	Nombre	Part	Pays
Oui	25	58.1 %	Afrique du Sud ; Argentine ; Australie ; Autriche ; Belgique ; Brésil ; Canada ; Espagne ; États-Unis ; Finlande ; France ; Grèce ; Hongrie ; Islande ; Israël ; Italie ; Luxembourg ; Mexique ; Norvège ; Pays-Bas ; Royaume-Uni ; Saint-Marin ; Slovénie ; Suède ; Uruguay.
Non	12	27.9 %	Allemagne ; Arabie Saoudite ; Costa Rica ; Indonésie ; Irlande ; Kenya ; Lettonie ; Pérou ; Portugal ; Roumanie ; Suisse ; Tunisie.
Autre	2	4.7 %	Croatie ; Nouvelle-Zélande.

Note : aux États-Unis, bien que les informations sur le sexe ne soient pas directement collectées par les déclarations fiscales, il est possible, par recoupement de l'identifiant (le numéro d'identification des personnes physiques) avec d'autres données administratives, de déduire le sexe du contribuable et son niveau de revenus. Quatre pays (9.3 %) n'ont pas donné de réponse.
Source : Questionnaire de l'OCDE sur l'état des lieux en matière de fiscalité et d'égalité femmes-hommes 2021.

Dans 16 pays, la ventilation se fait au niveau des données individuelles ou des microdonnées. En effet, toutes les formes de données (issues de l'IR, des cotisations sociales, des registres fiscaux) peuvent être reliées au contribuable personne physique, ce qui permet d'analyser le cadre fiscal selon diverses dimensions, telles que l'âge, le secteur économique, le sexe et le niveau de revenus.

Dans 14 des 24 pays disposant de données ventilées par sexe, l'utilisation effective des incitations et avantages fiscaux peut être mesurée sous l'angle sexospécifique pour les domaines fiscaux dans lesquels les données sont disponibles.

3.6.1. Accès à des données non fiscales ventilées par sexe utiles à l'analyse des politiques

D'après les réponses à l'enquête, les pays accèdent, à des degrés variables, à différentes formes de données non fiscales ventilées par sexe utiles à leurs analyses. Cependant, la disponibilité plus élevée de certaines catégories de données est une constante d'un pays à l'autre – ainsi des informations ventilées par sexe qui concernent les revenus, alors que l'équivalent pour la consommation ou pour la fortune et le patrimoine est beaucoup plus difficile à collecter. Certes, aucun domaine n'offre un accès uniforme à des données ventilées, mais certains domaines se distinguent par la difficulté particulière que présente l'accès à leurs données, comme exposé ci-dessous. Les pays citent comme principales sources de données non fiscales les registres fiscaux et les enquêtes spécifiques menées par les pouvoirs publics.

Graphique 3.9. Aux fins de l'analyse des politiques, avez-vous accès à des données non fiscales ventilées par sexe dans les domaines suivants ?

Nombre de pays disposant, pour les hommes et pour les femmes, de microdonnées détaillées

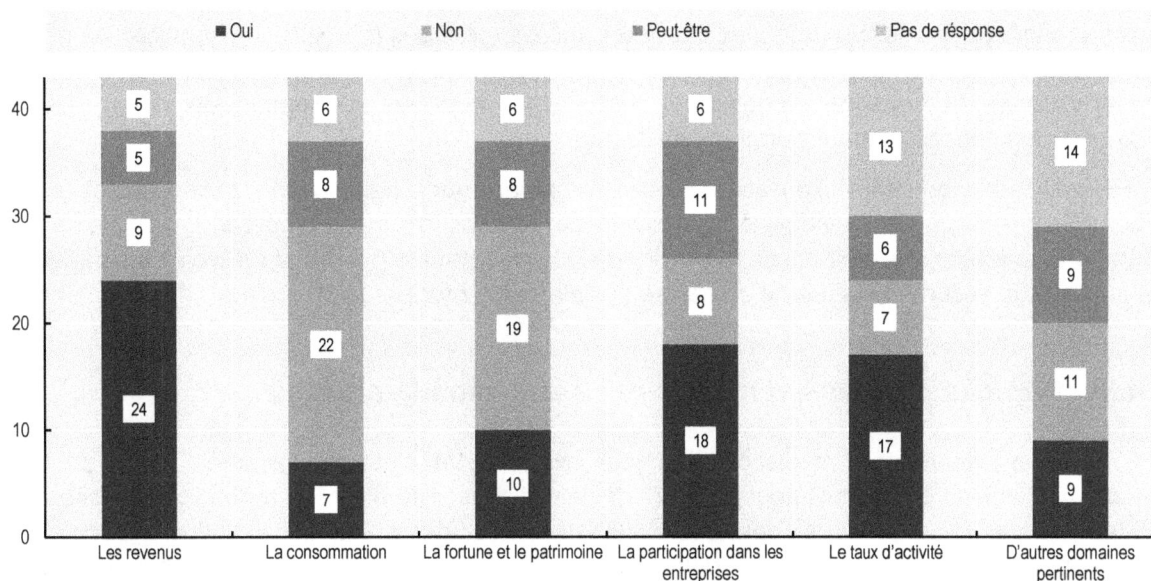

Source : Questionnaire de l'OCDE sur l'état des lieux en matière de fiscalité et d'égalité femmes-hommes 2021.

StatLink ᠁ᔕᒪ https://stat.link/zqy9ri

Pour 24 des 43 répondants (65 %), des microdonnées détaillées sur les revenus des femmes et des hommes, individuellement ou par foyer, sont disponibles ; selon le pays, elles sont extraites de ou accessibles via différentes sources. Exemples :

- Suède : informations fiscales
- Australie : enquêtes nationales sur les ménages telles que l'Enquête sur les revenus et le logement (SIH) et le Recensement de la population et des logements du Bureau australien de la statistique (ABS), et l'enquête Dynamique des ménages, des revenus et du travail en Australie (HILDA) du Melbourne Institute
- Luxembourg : différentes sources permettant de déduire des données non directement disponibles
- États-Unis : enquête sur la population active (Current Population Survey), pour des microdonnées détaillées sur les salaires des femmes et des hommes et les emplois occupés par les unes et les autres
- Espagne : enquête annuelle de l'INE sur les conditions de vie (Encuesta de Condiciones de Vida - ECV) (Instituto Nacional de Estadística, 2020[67]).

En revanche, seuls six pays ont accès à des microdonnées détaillées sur la consommation pour les femmes et pour les hommes. La plupart des données disponibles proviennent d'enquêtes qui collectent des informations sur les dépenses des ménages, permettant de déduire la consommation pour le ménage, mais ne fournissant ni la consommation par individu ni des microdonnées individuelles.

Seuls dix des 43 pays ont accès à des microdonnées détaillées sur la fortune et le patrimoine respectifs des femmes et des hommes, pas nécessairement au niveau « microdonnées » proprement dit, mais au moins à celui des ménages.

Dix-huit des 43 pays ont accès à des informations sur la participation des femmes et des hommes au marché du travail. Ces données sont disponibles à partir d'une série de sources, notamment les registres fiscaux, les enquêtes sur la population active et les enquêtes sur les ménages. En Australie, les informations provenant de l'enquête de l'ABS sur la population active fournissent une ventilation détaillée de la participation au marché du travail, qui est disponible par branche d'activité et permet de distinguer les travailleurs indépendants. En outre, les enquêtes sur les ménages permettent d'identifier les revenus des entreprises non constituées en société et fournissent des données sur la participation de la personne au marché du travail. L'Espagne a également accès à des données sur l'emploi des femmes et leur présence dans les conseils d'administration des entreprises.

Dix-sept des 43 répondants (40 %) ont accès à des informations sur la participation respective des femmes et des hommes au marché du travail – heures travaillées, salaires, chômage, implication dans le secteur). L'Espagne, par exemple, dit avoir accès à des données concernant le marché du travail, l'éducation et la culture, la santé, la sécurité et la justice, l'analyse sociale et les processus électoraux.

3.7. Utilisation des données ventilées par sexe dans la pratique

Même lorsque les données sont disponibles, leur exploitabilité n'est pas assurée, voire se révèle problématique (Tableau 3.8). Seuls neuf pays ont déclaré disposer de données répondant parfaitement à l'objectif poursuivi ; 16 indiquent des données exploitables avec des précautions ou des extrapolations ; enfin, cinq répondants admettent que les données disponibles ne sont pas adaptées à l'objectif poursuivi.

L'Australie précise que les catégories de données demandées sont disponibles au sein du Trésor, où elles servent à l'élaboration des politiques, et qu'elles sont, pour une grande partie, mises à la disposition de chercheurs habilités sous la forme d'unités de données, ou bien sous forme résumée dans des publications en libre consultation.

Tableau 3.8. Dans quelle mesure les données ventilées par sexe qui sont disponibles sont-elles exploitables en pratique ?

Réponse	Nombre	Part	Pays
Exploitables avec des précautions	11	25.6 %	Arabie Saoudite ; Autriche ; Finlande ; France ; Hongrie ; Irlande ; Italie ; Nouvelle-Zélande ; Pays-Bas ; Royaume-Uni ; Suède.
Exploitables avec des précautions ou des extrapolations	1	2.3 %	Belgique
Extrapolations	5	11.6 %	Croatie ; Indonésie ; Pérou ; Roumanie ; Saint-Marin.
Adaptées à l'objectif	9	20.9 %	Afrique du Sud ; Canada ; Espagne ; États-Unis ; Islande ; Israël ; Kenya ; Mexique ; Norvège.
Non adaptées à l'objectif	5	11.6 %	Allemagne ; Brésil ; Grèce ; Luxembourg ; Slovénie.

Note : douze pays (28 %) n'ont pas donné de réponse.
Source : Questionnaire de l'OCDE sur l'état des lieux en matière de fiscalité et d'égalité femmes-hommes 2021.

Dans leurs réponses, les pays interrogés placent haut sur l'échelle des priorités la disponibilité d'au moins certaines formes de données ventilées par sexe, notamment – pour plusieurs répondants – les microdonnées sur la fortune, le patrimoine ou les actifs des personnes. Ce souhait, exprimé par l'Afrique du Sud, la Belgique, l'Islande, le Mexique, le Royaume-Uni et la Suède, fait écho aux constatations sur le déficit de données ventilées par sexe en matière de fortune et de patrimoine. S'y ajoute, pour l'Afrique du Sud, l'Arabie saoudite, l'Islande, le Kenya et l'Uruguay, celui de disposer de microdonnées ou de données individualisées sur la consommation.

Les pays avancent différentes pistes pour augmenter la disponibilité de données sexospécifiques correspondant à leurs besoins. Le Canada voudrait pouvoir accéder à des informations davantage à jour via le Registre d'assurance sociale ; l'Allemagne suggère que des questions explicites soient posées dans les différentes rubriques de la déclaration de revenus, afin de permettre une affectation sans ambiguïté des revenus. Le Mexique voit dans une plus grande systématisation de la production ou de la génération de bases de données fiscales ventilées par sexe la clé pour améliorer la qualité des données ventilées utiles à la prise de décision. C'est également l'avis du Pérou et de Saint-Marin, le premier insistant sur l'accès aux informations et le second sur de meilleurs systèmes informatiques. Le Royaume-Uni est particulièrement intéressé par la ventilation selon les critères de l'égalité des sexes et de l'égalité des chances, ce qui ne peut se faire qu'en ayant accès à davantage de données sur les revenus, le patrimoine, l'emploi et le taux d'activité afin de les ventiler par sexe et par ethnie. L'Arabie saoudite indique que l'accès aux données ventilées par sexe pourrait être amélioré si l'on demandait aux banques de collecter et de livrer ces informations. L'Espagne note que l'inclusion d'une variable sexospécifique dans toutes les enquêtes menées par l'Institut national de la statistique et les différents ministères pourrait permettre d'obtenir des données plus complètes à moyen terme.

3.8. Priorités nationales et prochaines étapes

Enfin, l'enquête demandait aux pays d'indiquer, parmi une série d'options, leurs trois principales priorités pour les travaux futurs sur la politique fiscale et les questions sexospécifiques.

La priorité dominante (citée par dix répondants) est l'examen de toute mesure de crédit d'impôt ou d'abattement fiscal sous l'angle de ses implications pour l'égalité des sexes. Plus précisément, la Belgique considère qu'il faut étudier les conséquences d'une telle mesure sur la répartition du travail non rémunéré (garde d'enfants, soins parentaux, tâches ménagères), tandis qu'Israël s'inquiète des biais sexués, à l'intérieur et à l'extérieur du système fiscal, véhiculés par ce type de mesures, mais aussi par les cotisations sociales qui incitent les femmes à augmenter le temps non rémunéré consacré aux enfants et à réduire leurs heures de travail. La deuxième priorité, portée par neuf pays, serait d'envisager l'introduction d'un parti pris explicite pour promouvoir l'équité entre les sexes.

Sur les cinq premières options choisies par les pays, trois concernent une analyse plus approfondie de l'incidence de la fiscalité du travail. Dans ce domaine, en plus des dix pays qui s'inquiètent des effets des crédits d'impôt et des abattements, huit voient la progressivité du système d'IR comme une priorité. Le traitement fiscal du second apporteur de revenu est considéré comme une priorité par six pays. Pour cinq autres, l'incidence des cotisations sociales sur les résultats en matière d'égalité des sexes est un axe de travail prioritaire pour l'avenir. Parmi eux, l'Afrique du Sud, qui signale le potentiel des cotisations sociales (par exemple, les crédits d'impôt au titre des revenus du travail) comme moyen possible d'améliorer les effets sexués de la participation au marché du travail, et le Royaume-Uni, qui pense qu'avec leurs revenus inférieurs et les dispositions relatives aux congés de maternité, les femmes risquent d'accumuler moins de cotisations sociales que les hommes. Des recherches supplémentaires sur les conséquences sexospécifiques de la fiscalité du travail et des cotisations sociales pourraient s'appuyer sur les travaux antérieurs du CTPA, notamment (Thomas and O'Reilly, 2016[12]) et (OCDE, 2016[14]).

Après l'imposition des revenus du travail, les questions à traiter en priorité dans les travaux futurs sont les biais sexistes en matière de patrimoine et de succession (six pays), l'imposition des revenus du capital (cinq pays) et des PME (cinq pays), ainsi que l'incidence de la TVA/TPS sur l'égalité des sexes (cinq pays). Si la discipline fiscale est considérée comme un domaine prioritaire par cinq pays, l'administration de l'impôt est une priorité comparativement moins importante (deux pays). Aucun pays ne mentionne les accises ou les taxes sur le commerce comme une priorité pour les travaux futurs.

En plus des priorités citées dans le questionnaire, le Canada en avance une autre : une réflexion à plus haut niveau afin d'aboutir à un ensemble de suggestions pour un cadre d'analyse, de production de rapports et de fixation d'objectifs en matière d'égalité femmes-hommes. Le but serait de fournir aux pays des lignes directrices et des pratiques exemplaires pour l'établissement de rapports détaillés et accessoirement de faciliter la collecte et la compilation de données par l'OCDE et d'autres organisations intéressées par les comparaisons entre pays.

Enfin, un pays ne considère pas la problématique de l'égalité des sexes comme une priorité pour les travaux à venir.

Graphique 3.10. Priorités pour les travaux futurs – les choix nationaux

Nombre de pays ayant répondu à la question (plusieurs réponses par pays sont possibles)

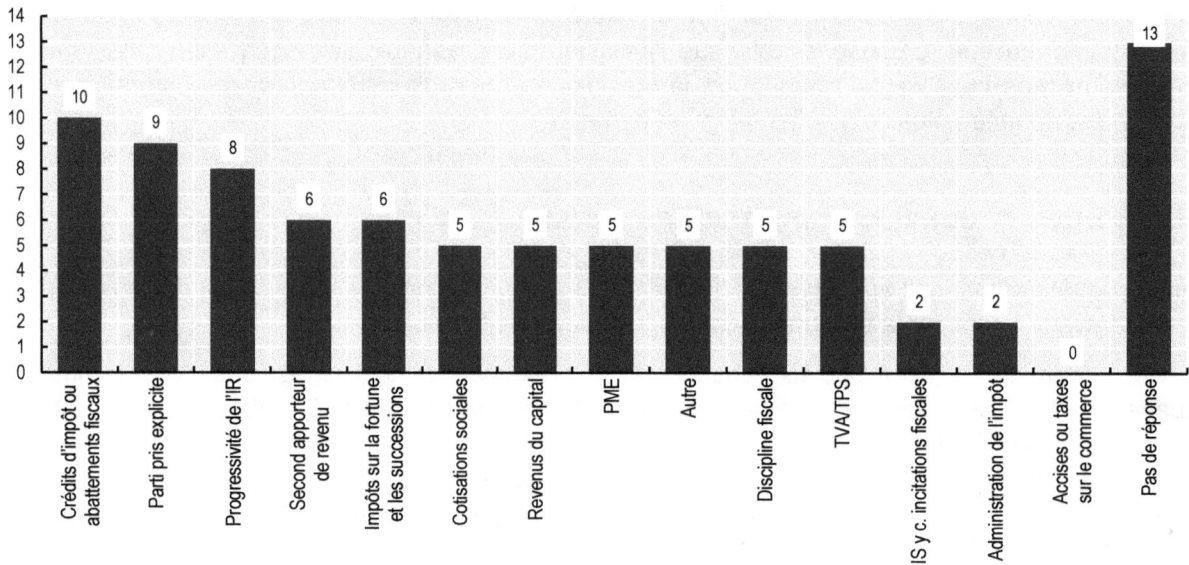

Source : Questionnaire de l'OCDE sur l'état des lieux en matière de fiscalité et d'égalité femmes-hommes 2021.

Références

Acheson, J. and M. Collins (2020), *Gender and Pay in Revenue*, [51]
https://www.revenue.ie/en/corporate/documents/research/gender-pay-2020.pdf (consulté le
22 octobre 2021).

Agencia Tributaria (2018), *Resumen del Impuesto port Comunidades Autónomas*, [50]
https://www.agenciatributaria.es/AEAT/Contenidos_Comunes/La_Agencia_Tributaria/Estadist
icas/Publicaciones/sites/patrimonio/2018/jrubikf70a09195f09fc7e9169b1a102d15880e53afb3
e4.html (consulté le 13 janvier 2022).

Assemblée nationale (2014), *N° 1875 - Rapport d'information de Mme Catherine Coutelle* [28]
*déposé par la délégation de l'Assemblée nationale aux droits des femmes et à l'égalité des
chances entre les hommes et les femmes sur la question des femmes et du système fiscal*,
https://www.assemblee-nationale.fr/14/rap-info/i1875.asp (consulté le 3 décembre 2021).

BBVA (2020), *La pandemia ha ampliado la brecha de género en el mercado laboral español*, [14]
https://www.bbva.com/es/el-impacto-de-la-pandemia-en-el-mercado-laboral-ha-ampliado-la-
brecha-de-genero-en-espana-segun-bbva-research/ (consulté le 13 janvier 2022).

Castellanos-Torres, E., J. Mateos and E. Chilet-Rosell (2020), "COVID-19 en clave de género", [15]
Gaceta Sanitaria, Vol. 34/5, pp. 419-421, http://dx.doi.org/10.1016/J.GACETA.2020.04.007.

Center on Budget and Policy Priorities (2019), *Policy Basics: The Earned Income Tax Credit |* [26]
Center on Budget and Policy Priorities, https://www.cbpp.org/research/federal-tax/the-earned-
income-tax-credit (consulté le 11 janvier 2022).

Centre de recherches pour le développement international (2010), *Taxation and gender equity: a* [30]
comparative analysis of direct and indirect taxes in developing and developed countries.

Congrès de la Nation argentine (2020), *Régimen de promoción de la economía del conocimiento* [16]
(Ley 27570) [Régime de promotion de l'économie de la connaissance (loi 27570)],
https://www.argentina.gob.ar/normativa/nacional/ley-27570-343520/texto (consulté le
16 janvier 2022).

D'Attoma, J., C. Malézieux and A. Volintiru (2020), "Gender, Social Value Orientation, and Tax [43]
Compliance", http://dx.doi.org/10.1093/cesifo/ifz016.

Debitoor (2021), *Ayudas para mujeres autónomas*, https://debitoor.es/guia-pequenas- [20]
empresas/autonomos/ayudas-para-mujeres-autonomas (consulté le 13 janvier 2022).

Department of the Treasury, É. (2015), *The Income Tax Treatment of Married Couples*, [24]
https://home.treasury.gov/system/files/131/Two-Earner-Penalty-and-Marginal-Tax-Rates.pdf
(consulté le 11 janvier 2022).

Doorley, K. (2018), *Taxation, Work and Gender Equality in Ireland*, [12]
https://ftp.iza.org/dp11495.pdf (consulté le 21 octobre 2021).

Doorley, K., C. O'Donoghue and D. Sologon (2021), *The Gender Gap in Income and the COVID-* [18]
19 Pandemic, https://www.iza.org/en/publications/dp/14360/the-gender-gap-in-income-and-
the-covid-19-pandemic (consulté le 21 octobre 2021).

González Cabral, A., N. Gemmell and N. Alinaghi (2019), "Are Survey-Based Self-Employment Income Under-Reporting Estimates Biased? New Evidence from Matched Register and Survey Data", https://www.wgtn.ac.nz/sacl/centres-and-chairs/cpf/publications/working-papers (consulté le 22 octobre 2021). [39]

Gouvernement de l'Allemagne (2020), *Joint Rules of Procedure of the Federal Ministries (GGO)*, https://www.bmi.bund.de/SharedDocs/downloads/EN/themen/moderne-verwaltung/ggo_en.pdf?__blob=publicationFile&v=6 (consulté le 27 octobre 2021). [34]

Gouvernement de l'Australie (2021), *Women's Budget Statement 2021-22*, https://budget.gov.au/2021-22/content/womens-statement/download/womens_budget_statement_2021-22.pdf (consulté le 22 octobre 2021). [31]

Gouvernement de l'Irlande (2021), *Programme for Government: Our Shared Future*, https://www.gov.ie/en/publication/7e05d-programme-for-government-our-shared-future/ (consulté le 22 octobre 2021). [37]

Gouvernement de l'Islande (2021), *About Gender Equality*, https://www.government.is/topics/human-rights-and-equality/equality/about-gender-equality/ (consulté le 22 octobre 2021). [35]

Gouvernement de la Belgique (2013), *Analyse d'impact intégrée*, https://igvm-iefh.belgium.be/sites/default/files/downloads/Formulaire%20AIR.doc. [33]

Gouvernement de la Nouvelle-Zélande (2021), *Working for Families payments*, https://www.govt.nz/browse/family-and-whanau/financial-help-for-your-family/working-for-families-payments/ (consulté le 22 octobre 2021). [41]

Gouvernement de la Suède (2020), *Fördelningspolitisk redogörelse*, https://www.regeringen.se/4a6b9b/contentassets/cec99f9b7f3a4ded95422348904e499c/fordelningspolitisk-redogorelse.pdf (consulté le 21 octobre 2021). [3]

Gouvernement du Canada (2020), *Sommaire de l'analyse comparative entre les sexes plus (ACS+) pour le Plan d'intervention économique du Canada pour répondre à la COVID-19*, https://www.canada.ca/fr/ministere-finances/services/publications/portrait-economique-budgetaire/sommaire-analyse-comparative-entre-les-sexes-plus-plan-intervention-economique-canada.html (consulté le 21 octobre 2021). [19]

Harding, M., D. Paturot and H. Simon (2022 (à paraître)), *Taxation of Part-time Work*, Documents de travail de l'OCDE sur la fiscalité. [5]

INSEE (2019), *Imposition des couples et des familles : effets budgétaires et redistributifs de l'impôt sur le revenu*, https://www.insee.fr/fr/statistiques/4253854 (consulté le 3 décembre 2021). [6]

Instituto de la Mujer (2007), "Informes de Impact de Género", https://www.inmujeres.gob.es/publicacioneselectronicas/documentacion/Documentos/DE0259.pdf (consulté le 13 janvier 2022). [27]

Instituto Nacional de Estadística (2020), *Life Conditions Survey*, https://www.ine.es/dyngs/INEbase/en/operacion.htm?c=Estadistica_C&cid=1254736176807&menu=ultiDatos&idp=1254735976608 (consulté le 13 janvier 2022). [52]

Kangave, J., R. Waiswa and N. Sebaggala (2021), *Are Women More Tax Compliant than Men? How Would We Know?*, http://dx.doi.org/10.19088/ICTD.2021.006. [44]

Kidwingira, S., V. Mshana and E. Okyere (2011), "Taxation and gender: Why does it matter?", *Tax Justice Network Africa*, https://www.taxjustice.net/cms/upload/pdf/Africa_Tax_Spotlight_5th_edition.pdf (consulté le 21 octobre 2021). [1]

LaLumia, S. (2008), "The effects of joint taxation of married couples on labor supply and non-wage income", *Journal of Public Economics*, Vol. 92/7, pp. 1698-1719, https://ideas.repec.org/a/eee/pubeco/v92y2008i7p1698-1719.html (consulté le 11 janvier 2022). [7]

Lin, E. and P. Tong (2014), "Effects of Marriage Penalty Relief Tax Policy on Marriage Taxes and Marginal Tax Rates of Cohabiting Couples", *Proceedings. Annual Conference on Taxation and Minutes of the Annual Meeting of the National Tax Association*, Vol. 107, https://www.jstor.org/stable/26812158?seq=1#metadata_info_tab_contents (consulté le 11 janvier 2022). [25]

Ministère de l'Économie (Argentine) (2021), *Perspectiva de Género en la modificación del Impuesto a las Ganancias Sociedades*, https://www.argentina.gob.ar/economia/politicatributaria/observatorio-de-tributacion-y-genero/perspectiva-de-genero-en-la (consulté le 16 janvier 2022). [17]

Ministère de la Santé, K. (2019), *Menstrual Hygiene Management Policy*, https://www.health.go.ke/wp-content/uploads/2020/05/MHM-Policy-11-May-2020.pdf (consulté le 21 octobre 2021). [22]

Ministère de l'Économie et des Finances, Italie (2019), *2019 Gender Budget Report - Summary and main results*, https://www.rgs.mef.gov.it/_Documenti/VERSIONE-I/Attivit--i/Rendiconto/Bilancio-di-genere/2019/Summary-and-main-results_BdG_-2019.pdf (consulté le 21 octobre 2021). [2]

Ministère des Finances (Espagne) (n.d.), *El Impuesto sobre el Patrimonio*, https://www.hacienda.gob.es/es-ES/Areas%20Tematicas/Impuestos/Direccion%20General%20de%20Tributos/Paginas/Estadisticas_IP.aspx (consulté le 13 janvier 2022). [49]

Ministère des Finances (Espagne) (n.d.), *El Impuesto sobre la Renta de las Personas Físicas*, https://www.hacienda.gob.es/es-ES/Areas%20Tematicas/Impuestos/Direccion%20General%20de%20Tributos/Paginas/Estadisticas_IRPF.aspx (consulté le 13 janvier 2022). [48]

OCDE (2021), *Tax Administration 2021: Comparative Information on OECD and other Advanced and Emerging Economies*, Éditions OCDE, Paris, https://dx.doi.org/10.1787/cef472b9-en. [45]

OCDE (2020), *Advancing Gender Balance in the Workforce: A Collective Responsibility*, https://www.oecd.org/tax/forum-on-tax-administration/publications-and-products/advancing-gender-balance-in-the-workforce-a-collective-responsibility.pdf (consulté le 3 novembre 2021). [46]

OCDE (2020), "Gender Balance and COVID-19", https://www.oecd.org/tax/forum-on-tax-administration/publications-and-products/letter-gender-balance-network-covid19-risks-challenges-opportunities.pdf (consulté le 3 novembre 2021). [47]

OCDE (2020), *Tendances des impôts sur la consommation 2020*, https://www.oecd-ilibrary.org/taxation/tendances-des-impots-sur-la-consommation-2020_3f06ea4d-fr (consulté le 21 octobre 2021). [21]

OCDE (2019), "Equality Budgeting in Ireland", https://www.oecd.org/gov/budgeting/equality-budgeting-in-ireland.pdf (consulté le 22 octobre 2021). [36]

OCDE (2019), *OECD Economic Surveys - Japan*, Éditions OCDE, Paris, https://www.oecd-ilibrary.org/docserver/fd63f374-en.pdf?expires=1642079950&id=id&accname=ocid84004878&checksum=F2BB9274A47F358BEEFBF2C48427A05F (consulté le 13 janvier 2022). [9]

OCDE (2019), *Part-time and Partly Equal: Gender and Work in the Netherlands*, Éditions OCDE, Paris, https://dx.doi.org/10.1787/204235cf-en. [4]

OCDE (2019), *Tax Morale: What Drives People and Businesses to Pay Tax?*, Éditions OCDE, Paris, https://dx.doi.org/10.1787/f3d8ea10-en. [42]

OCDE (2016), *Les impôts sur les salaires 2016*, https://www.oecd-ilibrary.org/taxation/les-impots-sur-les-salaires-2016_tax_wages-2016-fr (consulté le 21 octobre 2021). [8]

OCDE (2016), *Les impôts sur les salaires 2016*, Éditions OCDE, Paris, https://doi.org/10.1787/tax_wages-2016-fr. [54]

Olken, S. (2011), "Informal taxation", *American Economic Journal: Applied Economics*, pp. 1-28, http://dx.doi.org/10.1257/app.3.4.1. [13]

Orsini (2005), "The 2001 Belgian Tax Reform: Equity and Efficiency", http://www.econ.kuleuven.be/ces/discussionpapers/default.htm (consulté le 22 octobre 2021). [10]

Parlement européen (2015), *The policy on gender equality in Belgium*, http://publications.europa.eu/resource/cellar/f277eaae-977c-4929-8ab8-a5fdf368b073.0001.01/DOC_1 (consulté le 22 octobre 2021). [32]

Riihelä, V. (2015), *Veromuutosten vaikutukset sukupuolen mukaan vuosina 1993–2012*, https://www.doria.fi/bitstream/handle/10024/148718/t180.pdf?sequence=1&isAllowed=y (consulté le 22 octobre 2021). [29]

Service public fédéral Finances - Belgique (2021), *Coparentalité | SPF Finances*, https://finances.belgium.be/fr/particuliers/famille/situation_familiale/coparentalite (consulté le 21 octobre 2021). [11]

Stotsky, J. (1996), *Gender Bias in Tax Systems*, https://papers.ssrn.com/abstract=882995 (consulté le 13 mai 2021). [23]

Swedish Tax Agency (2021), *Skattefelsrapport 2020 - Underlagsrapport till årsredovisningen avseende skattefelets storlek och utveckling*, https://www.ekobrottsmyndigheten.se/wp-content/uploads/2021/03/underlagsrapport-skattefelet-2020.pdf (consulté le 22 octobre 2021). [40]

Swedish Tax Agency (2007), *Enklare skatter för ökad jämställdhet? Beskattningen och de jämställdhetspolitiska målen*, https://docplayer.se/10629622-Enklare-skatter-for-okad-jamstalldhet-beskattningen-och-de-jamstalldhetspolitiska-malen-rapport-2007-2-skatteverket.html (consulté le 22 octobre 2021). [38]

Thomas, A. and P. O'Reilly (2016), *The Impact of Tax and Benefit Systems on the Workforce Participation Incentives of Women*, Documents de travail de l'OCDE sur la fiscalité, https://www.oecd-ilibrary.org/taxation/the-impact-of-tax-and-benefit-systems-on-the-workforce-participation-incentives-of-women_d950acfc-en (consulté le 13 mai 2021). [53]

Notes

[1] Allemagne, Arabie saoudite, Brésil, Canada, Costa Rica, Croatie, Grèce, Hongrie, Irlande, Israël, Italie, Kenya, Lettonie, Luxembourg, Monténégro, Nouvelle-Zélande, Pérou, Roumanie, République slovaque, Saint-Marin, Slovénie, Tunisie et Ukraine.

[2] Afrique du Sud, Argentine, Australie, Autriche, Belgique, Espagne, Estonie, États-Unis, France, Islande, Indonésie, Mexique, Pays-Bas, Royaume-Uni, Suède, Suisse et Uruguay.

[3] L'Espagne fait état de chiffres similaires et note que la femme est le membre du foyer aux revenus les plus faibles dans 84 % des cas.

[4] https://www.iberley.es/temas/tarifa-plana-nuevos-trabajadores-autonomos-alta-reta-2801.

[5] Australie, Autriche, Belgique, Canada, Espagne, États-Unis, Finlande, France, Irlande, Islande, Italie, Pays-Bas, Royaume-Uni, Suède et Uruguay.

4 Conclusions et implications

L'incidence de la fiscalité sur les résultats en matière d'égalité des sexes est considérée comme un axe de travail important par une très large majorité des pays interrogés. Les trois quarts des pays jugent au moins « assez importante » la question de la dimension sexospécifique de la fiscalité, et huit pays la considèrent comme « très importante » (Graphique 3.1). Vingt-deux pays indiquent qu'ils ont mis en œuvre des réformes fiscales spécifiques pour améliorer l'équité entre les sexes. Ces réformes concernent pour l'essentiel le système de l'impôt sur le revenu, qu'il s'agisse d'un changement d'unité d'imposition, d'une modification des processus de l'administration, ou de la mise en place de crédits d'impôt ou d'abattements, mais plusieurs pays ont également aboli un désavantage pour les femmes en instaurant un taux de TVA nul ou réduit sur les produits de protection hygiénique.

Quelques pays citent des exemples, présents ou passés, de biais explicite dans leur système fiscal, généralement au niveau du système d'impôt sur le revenu. Il s'agit le plus souvent de différences d'imposition se traduisant par un avantage fiscal pour les femmes ; par exemple, en Hongrie, une exonération totale et à vie de tous les impôts sur le revenu est offerte aux mères de famille au-delà du quatrième enfant, tandis qu'en Israël, les mères se voient octroyer des points de crédit d'impôt supplémentaires.

Plus de la moitié des répondants (23 pays) reconnaissent qu'il existe un risque de biais implicite dans leur système fiscal, mais seuls 16 d'entre eux ont formellement évalué ce risque. Les biais implicites signalés par les pays relèvent de cinq différences courantes entre les femmes et les hommes au regard de la fiscalité (Encadré 3.1) : les niveaux de revenus ; la nature des revenus ; l'unité d'imposition retenue pour l'IR (le couple ou l'individu) ; les modes de consommation ; et les attentes sociales qui définissent les rôles respectifs des femmes et des hommes.

Comme pour les biais explicites, ces biais implicites peuvent se produire au détriment de l'un ou l'autre sexe, selon la manière dont le système fiscal interagit avec ces caractéristiques sous-jacentes. Par exemple, la progressivité du système fiscal permet d'alléger la charge fiscale pour les personnes à faible revenu – généralement des femmes – tout en dissuadant, dans les systèmes fondés sur le foyer fiscal, le second apporteur de revenu de travailler.

Dans les deux catégories de biais, explicites et implicites, les pays notent des exemples qui soit amoindrissent, soit accentuent le préjugé sexiste. À partir de ces différents exemples, une ventilation supplémentaire du cadre implicite et explicite pourrait être envisagée, comme exposé au Tableau 4.1.

Tableau 4.1. Une typologie élargie des biais explicites et implicites

	Explicites	**Implicites**
Exacerbent les biais sexistes	Dispositions du code des impôts ou des procédures administratives formelles qui mentionnent explicitement le sexe, et qui aggravent les biais sexistes prévalant dans la société. *Ex. : des taux d'imposition plus faibles pour les hommes mariés ; des crédits d'impôt disponibles pour les hommes ; l'inaccessibilité des informations fiscales pour les femmes.* Réponse de l'action publique : **supprimer**.	Des cadres fiscaux neutres du point de vue du sexe, mais qui interagissent avec les différentes réalités économiques et sociales des femmes et des hommes d'une manière qui aggrave les biais sexistes présents dans la société. *Ex. : un taux d'imposition plus élevé pour le second apporteur de revenu ; une fiscalité informelle ou des redevances sur des services davantage utilisés par les femmes ; de faibles taux d'imposition sur les revenus du capital ou le patrimoine.* Réponse de l'action publique : **revoir**.
Amoindrissent les biais sexistes	Dispositions du code des impôts ou des procédures administratives formelles qui mentionnent explicitement le sexe, mais qui réduisent les biais sexistes prévalant dans la société. *Ex. : une réduction de l'impôt foncier ou des droits de succession pour les femmes ; des crédits d'impôt pour les mères qui travaillent.* Réponse de l'action publique : **supprimer**.	Des cadres fiscaux neutres du point de vue du sexe, qui interagissent avec les différentes réalités économiques et sociales des femmes et des hommes d'une manière qui amoindrit les biais sexistes prévalant dans la société. *Ex. : améliorer la progressivité du système fiscal ; réduire les facteurs qui dissuadent les personnes à faibles revenus de travailler ; élargir la base d'imposition pour inclure les revenus du capital.* Réponse de l'action publique : **promouvoir**.

Source : OECD.

Dix-neuf pays ont déclaré utiliser la budgétisation sexospécifique, quatre d'entre eux indiquant qu'elle était mise en place dans un cadre comprenant des considérations particulières pour son application à la politique fiscale. Trois pays envisagent la mise en place d'un cadre de budgétisation sexospécifique dans un avenir proche. Dans les pays qui utilisent actuellement la budgétisation sexospécifique, la base la plus courante du dispositif est une mobilisation politique de haut niveau, suivie par une disposition spécifique dans la loi de finances ou une autre loi et enfin, pour trois pays, par une obligation constitutionnelle.

Peu de pays analysent systématiquement les conséquences de l'administration et de la discipline fiscales sur la situation respective des femmes et des hommes. Une écrasante majorité de pays n'ont ni conçu ni entrepris d'analyse des effets sexospécifiques de l'administration et de la discipline fiscales, ni modifié ou adapté les processus de l'administration de l'impôt.

Une majorité de pays (24 sur 43) ont accès à certaines données ventilées par sexe pour l'analyse des politiques. Les données en question sont concentrées dans deux domaines : les revenus et le marché du travail. Ainsi, des microdonnées détaillées sur les revenus des femmes et des hommes sont disponibles dans la majorité (24) des 43 pays interrogés, et des données sur les taux d'activité respectifs des femmes et des hommes sont accessibles dans 16 pays. Les données détaillées ventilées par sexe sur la consommation (sept pays) et sur la fortune et le patrimoine (dix pays) sont moins souvent disponibles.

Enfin, à la question des axes de travail prioritaires pour l'avenir, les pays fournissent des réponses variées. La priorité la plus couramment citée est l'examen des dispositions relatives aux crédits d'impôt ou aux abattements fiscaux sous l'angle de leurs implications pour l'égalité des sexes. En deuxième position vient la conception de partis pris fiscaux explicites destinés à réduire les inégalités entre les sexes (Graphique 3.10). Les participants ont également exprimé un fort désir de voir les travaux futurs se concentrer sur d'autres questions relatives à la fiscalité du travail : l'incidence de l'impôt sur le second apporteur de revenu, la progressivité des systèmes d'IR et l'incidence des crédits d'impôt et des abattements fiscaux sur l'égalité des sexes figurant parmi les quatre principales options pour les travaux futurs. Une troisième priorité pour les travaux futurs est mise en avant par certains pays : l'exploration des biais sexistes dans l'imposition du capital et des revenus du capital (par exemple, les impôts sur le patrimoine et la succession).

Les réponses à l'enquête mettent en évidence des degrés variables de priorité et d'évaluation des résultats sexospécifiques dans la conception des politiques fiscales parmi les pays étudiés. Les principaux domaines dans lesquels beaucoup de pays constatent des biais sexistes implicites sont les différences de nature et de niveau des revenus, les choix de consommation et l'incidence des rôles sociaux sur les résultats du système fiscal. Une analyse plus approfondie pourrait être menée pour améliorer la prise de conscience de l'existence de biais sexistes, en particulier implicites, dans les systèmes fiscaux nationaux, en vue de mieux évaluer leur incidence et de les réduire si nécessaire. Si nombre de pays affirment que la dimension sexospécifique est prise en considération dans leur processus de politique fiscale, rares sont ceux qui en ont fait une exigence formelle et qui fournissent des orientations à cet égard. Une étape utile pour les États souhaitant aller plus loin dans la suppression des conséquences des biais implicites de leur système fiscal pourrait être de formuler des orientations sur la façon d'intégrer les considérations d'égalité des sexes dans la conception des politiques fiscales, ainsi qu'à des fins d'administration de l'impôt. Autre facteur important à examiner : l'incidence des changements dans la structure et la composition de l'impôt et leur répercussion estimée sur les résultats en matière d'égalité des sexes. Lorsqu'elles sont disponibles, les données ventilées par sexe sont utiles pour comprendre les biais éventuels et les schémas sexospécifiques. L'enquête a également mis en évidence la nécessité d'améliorer la collecte de données sur la situation respective des femmes et des hommes en matière d'actifs immobiliers et mobiliers, afin de faciliter l'analyse approfondie de ces questions, ce qui est l'une des priorités pour la suite.

Annexe A. Aux fins de l'analyse des politiques, avez-vous accès à des données non fiscales ventilées par sexe dans les domaines suivants ?

Tableau A.1. Disponibilité de données non fiscales ventilées par sexe utiles à l'analyse des politiques

	Micro-données détaillées sur les revenus des femmes et des hommes	Micro-données détaillées sur la consommation des femmes et des hommes	Micro-données détaillées sur la fortune et le patrimoine des femmes et des hommes	Informations sur la présence des femmes et des hommes dans les entreprises (capital, secteur, emploi, direction)	Informations sur les taux d'activité femmes et des hommes (heures travaillées, salaires, chômage, implication dans le secteur).	Autres données ventilées par sexe
Oui	Afrique du Sud Argentine Australie Belgique Canada Espagne États-Unis Finlande France Grèce Hongrie Irlande Islande Israël Italie Luxembourg Mexique Norvège Nouvelle-Zélande Pays-Bas Royaume-Uni Saint-Marin Suède Uruguay	Argentine Grèce Irlande Mexique Nouvelle-Zélande Saint-Marin	Argentine Grèce Irlande Islande Italie Luxembourg Norvège Pays-Bas Royaume-Uni Saint-Marin	Afrique du Sud Argentine Australie Canada Espagne États-Unis Finlande France Grèce Irlande Islande Mexique Nouvelle-Zélande Pays-Bas Royaume-Uni Saint-Marin Suède Uruguay	Afrique du Sud Argentine Australie Canada Espagne États-Unis Finlande Grèce Hongrie Irlande Kenya Mexique Norvège Nouvelle-Zélande Pays-Bas Royaume-Uni Saint-Marin Slovénie	Argentine Australie Belgique Espagne Irlande Islande Israël Italie Mexique
Non	Allemagne Autriche Brésil Costa Rica Croatie Portugal Roumanie Slovénie Tunisie	Afrique du Sud Allemagne Autriche Brésil Canada Costa Rica Croatie États-Unis Finlande France	Afrique du Sud Allemagne Autriche Brésil Canada Costa Rica Croatie Espagne États-Unis France	Allemagne Autriche Brésil Costa Rica Croatie Roumanie Slovénie Tunisie	Allemagne Autriche Costa Rica Croatie Indonésie Roumanie Tunisie	Allemagne Autriche Brésil Costa Rica Croatie Grèce Indonésie Pérou Roumanie Slovénie

		Hongrie Indonésie Israël Kenya Luxembourg Portugal Roumanie Slovénie Suède Suisse Tunisie Uruguay	Indonésie Kenya Portugal Roumanie Slovénie Suède Suisse Tunisie Uruguay			Tunisie
Peut-être	Indonésie Kenya Lettonie Pérou Suisse	Australie Espagne Italie Lettonie Norvège Pays-Bas Pérou Royaume-Uni	Australie Hongrie Israël Lettonie Mexique Nouvelle-Zélande Pérou	Hongrie Indonésie Israël Italie Kenya Lettonie Luxembourg Norvège Pérou Portugal Suisse	Brésil Israël Lettonie Pérou Portugal Suisse	Afrique du Sud Canada Finlande Kenya Lettonie Norvège Nouvelle-Zélande Royaume-Uni Suisse

Source : Questionnaire de l'OCDE sur l'état des lieux en matière de fiscalité et d'égalité femmes-hommes 2021.

www.ingramcontent.com/pod-product-compliance
Lightning Source LLC
Chambersburg PA
CBHW062030210326
41519CB00060B/7371